問題です。

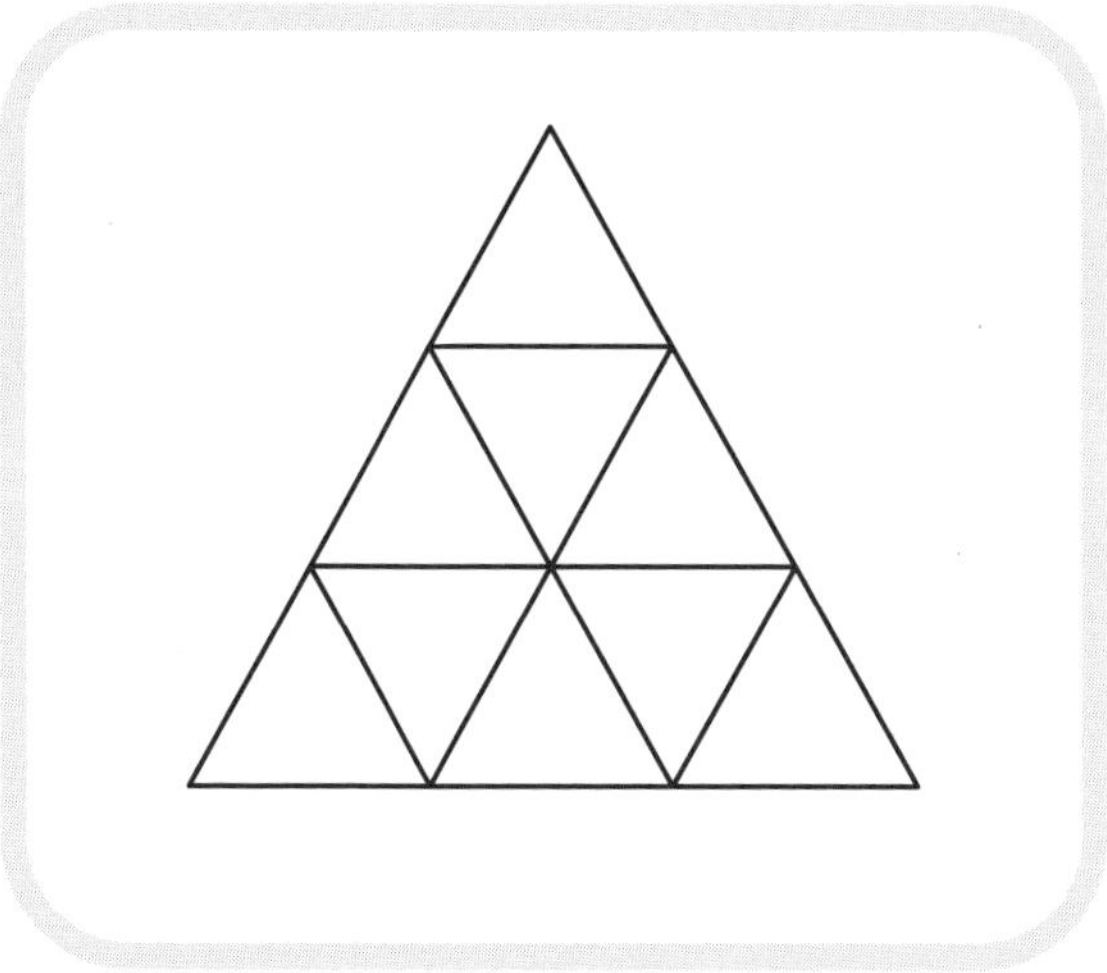

三角形と直線で書かれた上の図のなかに、三角形はいくつありますか？

10秒以内に答えてください。

10、9、8、7、6、5、4、3、2、1……。

正解は

13個

です。

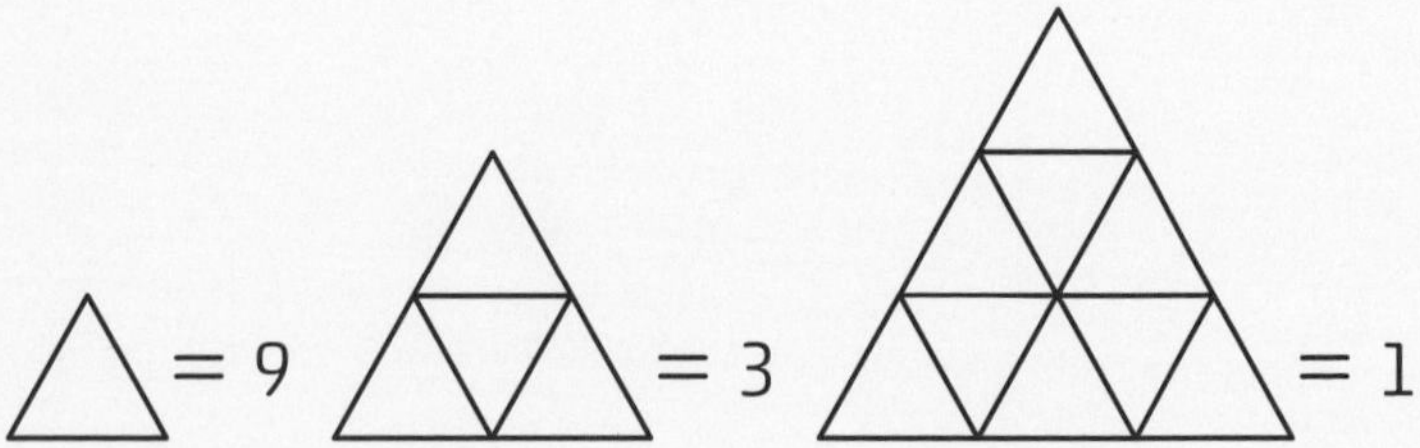

いきなり問題を出したのは、あなたの頭の柔らかさを測りたかったわけではありません。

残り時間が気になってしまって、あせりませんでしたか？
もしくはイライラして解くことをやめてしまったでしょうか。
それとも、見事に正解して少しテンションが上がりましたか？

人の心はこんなにもたやすく乱れます。

それを経験によってコントロールしているのが、ひとつミスをするだけで生死に直結する仕事をしている心臓外科医です。

この本は、そのトップを走る心臓外科医が、どんな場面に遭遇しても心に波風を立てず、つねに安定した心持ちでいるためにしていることを、心得としてまとめたものです。

心臓外科医が想定外のことでいちいちあせっていては、必要のないところまで傷つけ、大出血を引き起こしてしまいます。

うまくいかなくてイライラしてしまえば、スタッフも萎縮し、失敗の可能性が高まります。

プレッシャーに押しつぶされてしまえば、そもそも他人の体にメスを入れることはできないでしょう。

ですが、つねに安定した心を手に入れられれば、人の命を救うことができます。

心が乱れない人はいません。

話す前に頭のなかで考えても、本番になると緊張してしまう人に。
他人のミスについ感情的に反応してしまう人に。
想定外の質問をされると慌ててしまう人に。

本書は40年間にわたり、約1万件の手術経験によって手に入れた、心を安定させる方法を、たった238ページに凝縮しました。

あせりが生まれたとき。イライラしてしまったとき。プレッシャーに飲み込まれそうになったとき。
この本の心得を思い出すだけで、だれでも心が安定し、冷静さを取り戻すことができます。

つねに冷静でいる必要はありません。
繊細な性格だから、とあきらめる必要もありません。
必要なときに冷静になるための方法を、
この本で手に入れてください。

それでは、始めましょう。

心を安定させる方法

A method to stabilize the mind

ニューハート・ワタナベ
国際病院 総長
渡邊 剛

アスコム

「先生、私を助けてください」
365日、
世界中から届く悲痛な叫び
すべてと向き合う「メール外来」を、
もう19年も続けている。

交通事故の10倍、年間9万人まで膨れ上がった突然死。

親しい人が、大切な人が、愛する人が、
ある日突然、この世からいなくなる。
悲しみにあふれ絶望する人を、この目でたくさん見てきた。
そんな人をひとりでも少なくするために、人生をかけてきた。

幼いころに『ブラック・ジャック』に憧れ、
外科医を志して早50年。

希望だけにあふれていた20代。
「君の居場所はないよ」と言い放たれた30代。
社会の壁に跳ね返され続けた40代。
ロボットを使った心臓手術で世界一となった50代を経て、
いまでは多くの方から
「現代のブラック・ジャック」と呼ばれることが増えた。

助けた人の数は1万人を超え、
毎日2件の手術を執刀し、
世界最多のロボット手術経験数をもつ
心臓血管外科医として、
命と向き合う日々を送っている。

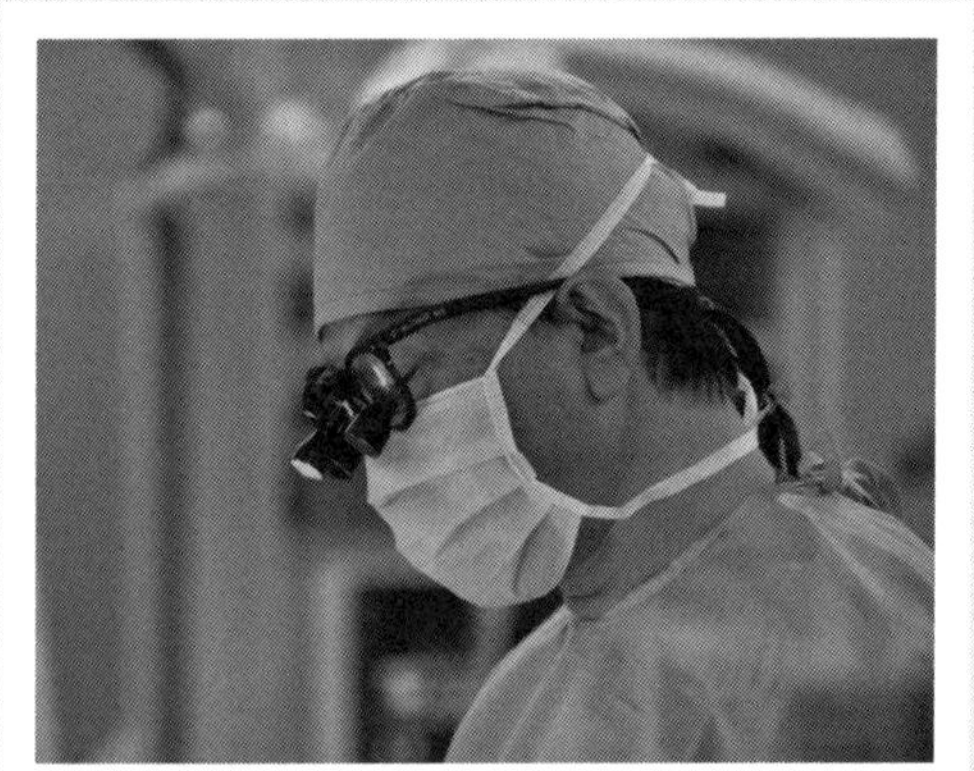

だが、助けられなかった方たちのことを
思い出さない日はない。

その方々全員の名前と
亡くなった原因を自分なりに解釈し、
自分の机のガラス板の下に入れている。
それは、緊張や不安や恐怖、慢心・過信といった
自分の心を乱す感情を、必ず助けるという「決意」で
塗り固めるためでもある。

「心臓外科医は人の死に慣れなくてはならない」と聞くが、
それは大嘘だ。
心の底から助けたくて努力をしても、
届かないときがある。
つらい、苦しい、悲しい……途方もない無力感。
でもそんな感情を押し殺しはしない。
抱いて、前に進む。
なぜなら、押し殺した感情は、ふとした瞬間に
あふれ出してしまうからだ。

「本を書きませんか?」と言われたとき、
私がみなさんに伝えられることは、
これだ! と思った。
心臓血管外科医はどんなときでも
つねに100%、全勝をしなければならない。
生きるか、死ぬかをこの手に託され、
その荷を背負ってなお、心を乱さずに、
心臓にメスを入れなければならない。

この極限の状態を40年間、
毎日味わうことで身についた
心をコントロールしていく術は、
大きな不安やストレスに
苛《さいな》まれやすくなった
いまを生きるみなさんの
役に立てるのではないか、と。

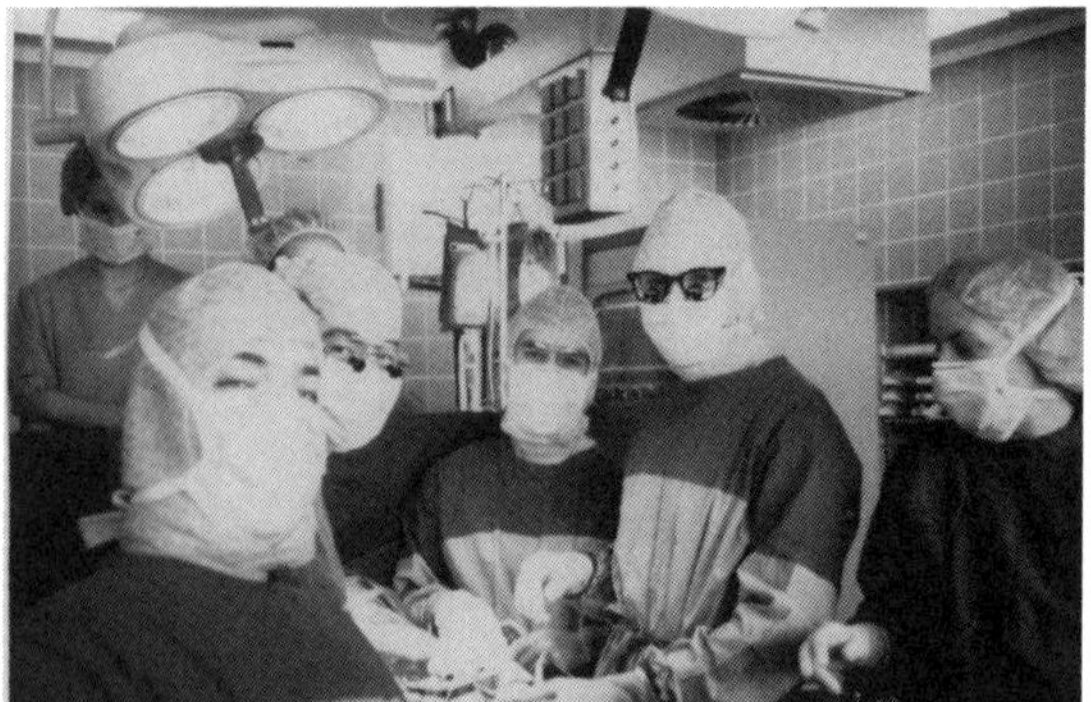

私は決して才能あふれる特別な人間ではない。
地方の大学病院で辛酸をなめ、
海外で自分の実力と評価に絶望して死を考え、
それでも踏みとどまって
ギリギリのところでなんとかやってきた私が、
出会ってきた人から得た知見や、
目指す目標に到達するために
がむしゃらにあがいてたどりついた、
スマートでも、ましてやかっこよくもない
泥にまみれたメソッドである。

心を乱さない人間なんていない。
ただ、心の起伏は自分の心もち次第で
コントロールすることができる。
だから大丈夫。
あなたも必ず心を安定させられる。
そのための手段を伝えていこう。

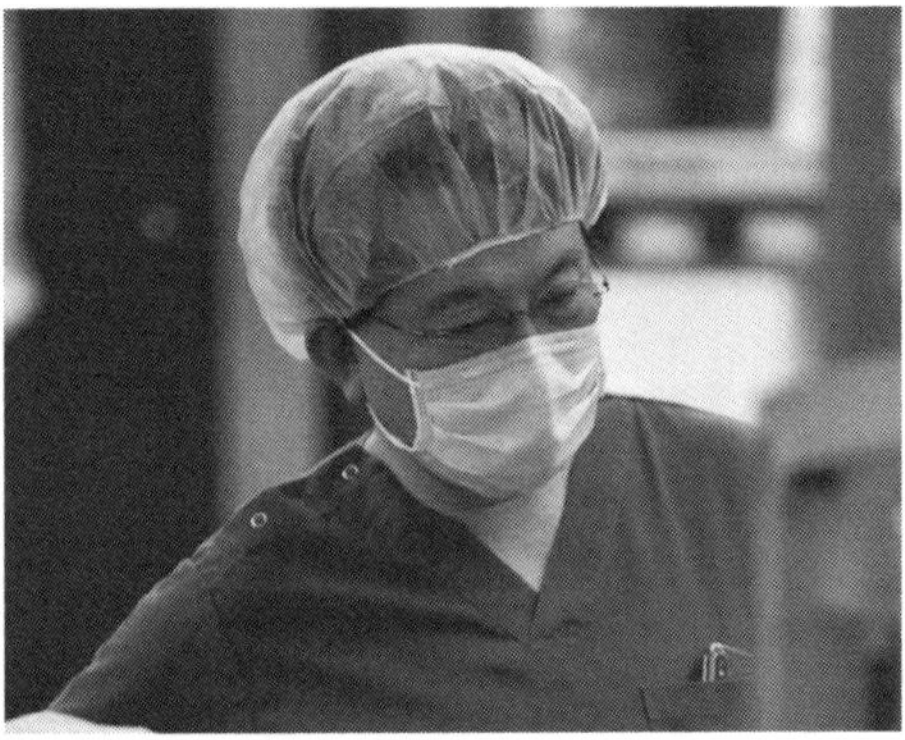

心を安定させる方法　目次

第1章　心臓と向き合って40年

第2章 心が乱れやすいあなたへ

第3章

人間関係で心が乱されるあなたへ

第4章

壁にぶつかり心が折れそうなあなたへ

第5章

いま、うまくいっているあなたへ

第6章 心が整いはじめたあなたへ

※本書に掲載されている情報は、2024年5月1日現在のものです。

はじめに

40年前、心臓血管外科医として手術室に足を踏み入れて以来、約1万人の方々の命をつなぎとめてきました。

外科医は、「つねに落ち着きはらって、突発的なことに動じず、臨機応変に対応できるスキルを持っている」というイメージを抱かれる方が多いのではないでしょうか。クールといえば少々かっこいい表現で、どちらかというと冷たい印象を持っている方もいると思います。

実際には、そんなことはありません。

仕事以外のことに悩んで落ち込むこともあれば、大好きなドライブ中に渋滞にはまってイライラすることもあります。

ただ、みなさんが思うイメージどおりの顔があるとすれば、それは「手術室の中の私」です。

ひとたび患者さんと手術室で向き合えば、落ち込んでいたことも、イライラしていたことも、きれいさっぱり頭のなかから消え去ります。動いている心臓を目の前にしても緊張することなく心は穏やかで、不測の事態が起きたところで、あせることなく冷静に対応できる余裕が生まれます。

なぜ、私が手術室で恐れや不安、緊張から解放された心持ちでいられるのか。それには大きく分けて、ふたつの理由があります。

ひとつは、心が揺らいでいたら、患者さんの命を奪ってしまうかもしれないという点。ダメならまたやり直せばいいという考えは通用しません。外科医はつねに全勝を求められます。

自分の感情の変化が人の生死を左右してしまう可能性があるからこそ、ネガティブな感情を抱いている場合ではない、といったほうがイメージと近いかもしれません。

もうひとつは、外科医としての道のりのなかで出会った同僚、友人、患者さんなど、尊敬すべき方々からいただいた言葉が、心が揺らいでしまいそうなときに支えになっているからでしょう。

ベテランと呼ばれる人ほど言葉に深みが出るのは、その言葉の背後に膨大な「経験」という目に見えない重しが乗っているからです。

私は「生きるか、死ぬか」という究極の状況を自分の手にゆだねられる経験を、40年間にわたって続けています。

その人生のなかで得てきた経験や、かけていただいた言葉をお伝えすることは、みなさんが不安や恐れなどで心が揺らいでしまったときに、支えになってくれるのではないかと思うのです。

そのために本書は、まず第1章で私がこれまで歩んできた道のりを振り返ることで、その過程で得た知見をお伝えしていきます。

第2章以降は、より具体的に、私がこれまで心が揺らぎそうになったときに思い出して心の支えにしてきた言葉や、得た知見をもとにした心得を紹介していきます。

心が揺るがない人はいません。


普段は多くの社員を抱えている大企業の社長も。

テレビ番組で堂々とした態度で話をするコメンテーターも。

ときに数万人の観客の前でプレーをするスポーツ選手も。


手術に向かうまでに一切の心の揺らぎを見せない人に、私はこれまで出会ったことはありません。

性格は関係ありません。

心が揺れてしまったとき、自分のなかに支えてくれる言葉を持っているかどうかが大切なのです。

この本が、平常心に戻れる処方箋のような一冊になったら、これほどうれしいことはありません。

渡邊剛

第1章

心臓と向き合って40年

ブラック・ジャックに憧れて医師を志してから、早50年の月日がたちました。まずは私がたどってきた道のりと、そのなかでぶつかった壁、乗り越えた壁、支えとなった考え方について記していきます。

すべては『ブラック・ジャック』から始まった

私は、1958年に東京で生まれました。

医者によくあるような、両親や一族が医者の家系というわけではありません。

渡邊《わたなべ》家は大きなゴム園を持つ会社を経営する祖父によって財を築いたこともあったそうですが、それも敗戦によってすべて失い、父の代には、お世辞にも家計は豊かという状況ではありませんでした。

そんななか、人一倍教育熱心だった母によって、私は厳しく育てられました。

いまでも覚えているのは、

「一人前の男にならないとだめだ」

「背広の似合う男になれ」

などの強烈なしつけで、それはトラウマとなっている部分もあります。

ですが、

「いただいた仕事は100%の力で臨みなさい」

「何事に際しても怯《ひる》むなかれ」

などの言葉は、いまの仕事の根本に強く影響しているように思います。


医者という存在を強く意識したのは、中学校3年生のときです。

当時、自分の将来に悶々《もんもん》とした気持ちを抱いていた私は、友だちが貸してくれた漫画雑誌『週刊少年チャンピオン』に掲載されていた手塚治虫《てづかおさむ》の『ブラック・ジャック』に目が釘づけになりました。

自分の技術を高めていけば、それが世の中の人のためになり、評価につながる。出身の医学部が東京大学だろうと私立大学だろうと、結果がすべて。そう簡潔に描かれていたことが、進む道を決めあぐねていた私に強い衝撃を与えました。

いまでも、私の部屋の書棚には、コミック版が全巻置いてあります。あまりにも付箋を貼りすぎて、決してよい状態とは言えないのですが、ふと心の隙間に入ってくる慢心や誘惑など、自分を見失いそうになる気がするときに手にして、読みながら自分にこう問いかけます。

「Who are you?」

お前はいったい何者なのか、なんのために生きるのか、残りの時間をどう生きるのか——。

自問自答し、自分を戒めるのです。

「どこで取るか」よりも「何を目指すのか」が大切

外科医になることを決意した私は、高校を卒業後に金沢大学医学部に入学しました。

高校の友人たちは「なぜわざわざ金沢の大学に行くんだ?」と不思議がりましたが、国立大学医学部入試に必須である社会科では、当時、ほとんどの大学で歴史が必須でした。歴史をまったく勉強していなかった私には、政治経済や倫理で受けられる大学は、金沢大学と筑波《つくば》大学しかありませんでした。

『ブラック・ジャック』に影響されてこの道に進んだ私にとっては、正直、医師免許が取れればどこの大学でもよかったのです。

ただ、どの分野に進むかについては本当に悩みました。

そんなときに出会ったのが、『心臓を語る』という、心臓外科の世界的権威・榊原仟《さかきばらしげる》先生が書かれた一冊でした。

昔から心臓手術は、胃がん切除手術を初めて成功させたドイツの伝説的な外科医・ビルロートをもってして「心臓の傷を縫い合わせようなんて試みる外科医は、外科医仲間の尊敬を失うようになるだろう」と言わしめるほど、難しいものとされていました。

その分野で活躍する日本人医師の存在や、動く心臓の内部にまで初めて治療のメスを到達させた外科医たちの挑戦の歴史に触れ、心を動かされたのです。

私にとって『ブラック・ジャック』や『心臓を語る』がそうであるように、**「モチベーションの源泉」に触れたとき、人の心は大きく鼓動を始めます。**その鼓動が止まらないように、新たな知識を吸収し、心に刺激を与え続けなければなりません。

心臓外科医になると決めた私は、まずは知識をできるだけ多く得るべく、大学時代はひたすら心臓の勉強に時間を費やしました。いま振り返ってみても、その時間は苦ではなく楽しいものでした。

「不安の芽」をすべて摘まなければ心の揺らぎは消えない

1984（昭和59）年に金沢大学医学部を卒業後、1年間は金沢大学病院に在籍、その後は大船共済病院（現・横浜栄共済病院）に移り患者さんたちと

向き合いました。

このころ、私の心はモヤモヤとした感情を抱いていました。

それは、心臓外科医としての腕を磨く機会をなかなか得られないでいたからです。

心臓外科医の腕は症例数（手術数）により磨かれます。

でも、手術に関わる機会は、なかなか訪れませんでした。

日本における症例数は年間5万件程度。米国の50万件に比べるとはるかに少ないレベルです。さらに心臓手術は主要病院に集中していたこともあり、私の症例数はわずかなものでした。

「このままでは目指す心臓外科医になれない」と、あせりが募っていたのです。

一方で、患者さんと向き合う姿勢は、研修先の病院で外科部長を務められていた田中信行《たなかのぶゆき》先生から叩き込まれました。田中先生は外来で1日前に、そして当日の朝と手術前の計3回、患者家族に話をします。話の内容は、だんだんリスクについての話に重みが置かれるようになっていました。「失敗が起こりえることも患者さんに伝える」インフォームド・コンセントの重要性はいまも心に深く刻まれています。

物事は、いい面と悪い面の表裏一体で成り立っています。

いま、空前の投資ブームだそうですが、投資にリスクはつきものです。どれだけ安全と言われていても、100％の安全は保障されていません。どこまで数字的、技術的に突き詰めていっても100％ではないからこそ、患者さんに対して正しい情報を伝え、理解してもらい、考えてもらって、合意しなければなりません。

それがないと、本番で心の揺らぎが生じて、外科医の場合は文字どおり命取りになりかねないからです。

技術さえあれば、と思っていた私にこのことを厳しく説いてくださり、そのうえで、「欧米で渡り合い、技術を磨くことがいちばんの近道だよ。気概をもって生きてみろ」と語りかけて、留学も勧めてくださった田中先生には、いまでも感謝しています。

「憧れの現実」を肌で感じる

1989年、日本の元号が「昭和」から「平成」に変わった年に、私は新天地であるドイツに降り立ちました。

この約2年前に、金沢市内で日本胸部外科学会が開かれました。そこで心臓外科の世界的権威であり〝ドイツ心臓外科の父〟と呼ばれる、ハンス・G・ボルスト教授の講演を聞く機会がありました。その席で私の心は強く揺さぶられることになります。

――ボルスト教授のもとで学びたい。

留学先といえばアメリカが主流のなか、私はひとり、ボルスト教授がいるドイツ・ハノーファー医科大学に留学することを決意しました。

ハノーファー医科大学に到着したその日、私はさっそく手術に立ち会うことを命じられます。そのころのハノーファー医科大学は、年間1500例もの心臓手術を行っていて、日本の病院とあまりにもかけ離れた症例数に身震いしたことを覚えています。

ボルスト教授は冷徹とさえいえる現場主義、実力主義の塊のような方でした。

人の命を預かる仕事であり、その使命を果たすために「厳格であれ」という鉄則を手術室にいるスタッフ全員に求め、自分の指示どおり動けない助手は即座にクビにしていきました。また、指示をしていなくても、必要な動きを見せていない者には容赦なく手術に立ち会うチャンスを奪っていきました。

「飴《あめ》と鞭《むち》」という言葉があります。言葉の由来は、近代ドイツの初代宰相ビスマルクの政策を評したひと言ですが、私の人生でこのときほどこの言葉があてはまる経験はほかに思い当たりません。

ピンと張りつめた手術室で、患者さんの心臓にまるで語りかけるかのような丁寧さと、それに反して驚くべきスピードで手術を進めていく当代一流の外科医。その姿を目の前で脳裏に焼きつけられたことは、私にとっては極上の飴でした。

究極の孤独のなかでの支えは幼いころに抱いた「憧れ」

一方で、自分の人生を振り返ると、このときが**生きてきたなかでいちばんつらい時期**だったといえます。

手術に立ち会う機会や、第一助手として手術に臨む機会に恵まれたものの、語学に難を抱えていたこともあり、どうやって自分の意思を伝えればいいのかわからない、周りで交わされている会話がわからない、話し相手となる日本人も皆無といった状況で、プライベートではひどく孤独を感じていました。

さらに、唯一の居場所として感じていた手術室においても、同僚の医師や看護師たちからの陰湿ないじめを数カ月にわたって受け続けました。

やがて、「辞めてしまいたい」と切羽詰まった気持ちに陥った私は、住処にしていた大学内のアパートの27階で、「ここから飛び降りたらどんなに楽になるだろう……」と思い詰めるようになっていきます。

そんなとき、心の支えとなったのは、少年時代に憧れたブラック・ジャック。**彼のような手術のスキルを手にするために、練習に没頭すること**でした。

豚の心臓を市場から買ってきては、血管をつなぐ練習をする日々。ひとつの心臓で30回は練習するような日々を続けていると、感覚が研ぎ澄まされていき、血管をつなぐスピードもどんどん速くなっていきました。

このような努力をこつこつと続けていると、徹底した実力主義である現場でも次第に周囲が認めてくれるようになり、手のひらを返したかのように敬意を払ってくれるようになりました。

好きなこと、興味や関心があることを仕事にしたほうがいい、という話をよく聞きます。私もそのとおりだと思います。なぜなら、本当に好きなことや、やりたいと思っていることをしているときには、モチベーションの源泉からどんどん力が湧き出てくるからです。

私はこのとき、孤独のなかでモチベーションの源を思い出し、それを心の支えとして不安や恐れと闘いました。

いま、患者さんに対して「やりたいことをやるのは、何歳だから遅いなんて全然ないですよ」と声をかけるのも、そうすることで心のざわめきが落ち着き、生きる原動力に変わることを体験したからにほかなりません。

慢心を「教え」で遠ざけて
日本人最年少の心臓移植手術医に

私はハノーファー医科大学に2年半留学をしていました。

その間に２０００を超える手術に臨み、当時30代前半だった私は、日本にいては経験できない場数を踏ませていただきました。

そのなかで忘れもしないのは、心臓移植の執刀をボルスト教授から命じられたことです。

当時の日本では、札幌医科大学の和田寿郎《わだじゅろう》教授による日本初の心臓移植手術とその妥当性をめぐり、社会問題にまで発展し、医療界において心臓移植はタブー視されていました。

そんな喧噪《けんそう》が起きていた日本から遠く離れたドイツの地で、私はドナー（臓器提供者）から心臓を取り出す経験を積んでいました。経験を積めば積むほど、心臓を「神聖な臓器」から「心臓も臓器のひとつ」と考えられるようになり、冷静な心を持てるようになっていきました。

そして無事、任された心臓移植手術を成功させ、「**日本人最年少の心臓移植手術医**」となりました。

ただ、そういう状況でも、心の隙間に入り込んでくる「慢心」は生まれませんでした。

それは、「**外科医に不可欠な要素は、尊厳と品格である**」というボルスト教授の教えがあったからだと思います。

人が持つ「悪の感情」にさらされた異動命令

2年半にわたるドイツ留学を終えて戻ってきた私を待ち構えていたのは、日本特有の縦社会からくる妬《ねた》みや嫉《そね》みでした。

そして極め付きは、帰国して早々に受けた金沢大学から富山医科薬科大学（現・富山大学）への異動命令でした。

当時の金沢大学の助教授から富山行きを告げられたときの言葉は、つい昨日言われたことのように覚えています。

「渡邊君、君の居場所は、ここにはないよ——」

あとでわかったことですが、私にそう告げた人の思惑は、医学部の次期の教授ポストをにらみ、障害になりそうな私という存在が目障りだったということのようでした。

後悔しました。

ハノーファー医科大学からは「もう2年残ってほしい」と言っていただいていたのに、それを断って帰国を決断したのは、ひとえに「母校の病院の一線に立ちたい」と思っていたからです。

怒り、悲しみ、後悔……。そのころの私はお金もなく、車もなく、さりとて結婚を控える身で、そのうえさらに飛ばされることになるとは思わず、本当に何もない状況でした。

ただ、人生とはおもしろいもので、失意を抱えて異動した富山医科薬科大学は、まさに私にとっての理想郷でした。

「なんのために」を突き詰めて世界初の完全内視鏡下手術に成功

富山医科薬科大学第一外科のトップは、金沢大学の大先輩である山本《やまもと》恵《けい》一《いち》教授でした。

私は、山本先生から人生哲学を学ばせていただいたといっても過言ではないほど、とてもお世話になりました。

人手の少なさもあって、不眠不休を強いられるほど忙しい現場でしたが、山本先生の後ろ盾もあり、本当に多くの手術を任せていただきました。

　そのなかでも、とくに「オフポンプ手術」「アウェイク手術」「完全内視鏡下手術」は私の血と肉であり、いまいただいている評価の礎となった手術です。

「オフポンプ手術」とは、冠動脈バイパス手術の際に、心臓を動かしたまま行う手術です。普通は人工心肺に接続し、心臓を止めて手術を行います。ただ、新しい血管を結合させやすいメリットがあるものの、心臓を再稼働させた際に血液が勢いよく流れ出してしまうことで、脳血管障害や心不全などの合併症が起こる可能性があります。

　その点、心臓を止めない「オフポンプ手術」は、動いている心臓を持ち上げたり、直径数ミリの細い冠動脈にバイパスとなる血管をつなぐという高度な技量はいるものの、合併症は起きにくいメリットがあります。

　この術式を数多く行い、死亡率０・４パーセント以下の成功率まで高めることができました。

ふたつ目の「アウェイク手術」は、患者さんが目の覚めた状態で受ける心臓手術です。

全身麻酔ができない方や、肺に疾患がある方、脳血管障害で術後に脳梗塞が起こりやすい方にはとくに適していて、術後も体力の回復が早く、肺炎などの合併症を防ぐメリットもあります。

執刀する側としては、手術中に患者さんと会話ができ、患者さんの状態を確認しながら進めることができるため、体の異変や脳の異変にすばやく対応できます。

局所麻酔が3時間を超えると患者さんの体への負担が大きくなるため、スピードと正確性がカギを握りますが、1998年に日本初の「アウェイク手術」成功にいたりました。

そして3つ目は、人工心肺を使用せず、胸の横に小さく開けた穴から内視鏡を挿入して心臓手術を行う「完全内視鏡下手術」です。

手術時間の大幅な短縮だけではなく、胸骨を縦に開いて行うこれまでの方法に比べて患者さんの負担が明らかに少なくなります。

「患者さんの体の負担をできる限り少なく」

この思いで行った「完全内視鏡下手術」は、**世界初の成功例**となっています。

うまくいっているときほど謙虚に

この時期に私は、トルコのアンカラにあるギュベン病院を訪ねています。

「アウェイク手術」を世界で初めて行った、カラゴッツ医師の手術を見学するためでした。

カラゴッツ医師はいまでも私が「世界でもっとも尊敬する外科医」であり、年間2000例の心臓手術をやってのけるハイパードクターです。

日本でもいくつかの成功を手にしはじめていた私でしたが、**いちばん怖かったのが「井の中の蛙《かわず》」になること**でした。

だからこそ、このタイミングで最高の外科医の手技を目に焼きつけ、「まだまだ上には上がいる」ということを心に刻みつけに行ったのです。

プロサッカー選手の本田圭佑《ほんだけいすけ》さんが、2017年に私の母校・金沢大学に招かれて行われた講演のなかで、こんなことをおっしゃられていたそうです。

「うまくいっているときほど謙虚に」

成功への階段を登っていくためには長い道のりを歩んでいかなければいけませんが、落ちるときは一瞬です。

だから、より高みがあることを自覚し、自分で自分の鼻を折ることも、心をコントロールするためには、時として必要だということでしょう。

どんなに孤独でも助けてくれる人は必ずいる

富山で過ごした8年を経て、私は41歳で再び金沢大学に戻り、第一外科の教授選に打って出ました。

金沢大学に戻ると決めた際に、山本先生からは「先生は金沢に行かないほうが幸せだよ」と気遣ってくださる言葉をいただきました。

ですが、ドイツ帰国直後、金沢大学の助教授診察室で「君の居場所は、ここにはないよ」と言われた言葉を心から消すためには、出馬し、教授選に勝たなければならないことは自覚していました。

まさに苦難の船出でした。

選挙に立候補するには推薦状（紹介状）が必要でしたが、まずそこで途方に暮れました。私のことを快く思っていない現職の第一外科教授の目を気にしてか、誰も推薦状を書いてくれなかったのです。

結局、ドイツでボルスト教授の下で学んだ医師と、富山医科薬科大学の恩師・山本恵一教授に書いていただきましたが、その後も「渡邊の手術のやり方は猟奇的だ」「あいつが教授になると和が乱れる」との怪文書が流布されたりもしました。

ただ、そんなかでも、のちに病院長に就かれる並木幹夫《なみきみきお》教授たちが支持をしてくださり、かろうじて教授選に勝利します。

勝てたのは支持してくださった方々の支援あってこそですが、根底には、若い医局員たちが心に抱いていた、**古い体質が染みついた組織に対する反抗心**があったのではないでしょうか。

「しつこさ」は目的を達成する最大の武器

金沢大学附属病院第一外科の主任教授になる前年（1999年）、何例かの

冠動脈バイパス手術を内視鏡下で行ったあと、私は手術支援ロボット『ダビンチ』が米国で開発されていることを知りました。

すぐにでも見てみたいと思った私は、飛行機に乗り、開発が進められているカリフォルニアへ向かいました。そして実際にこの目で見て、『ダビンチ』の性能を知るにつれ、「これは心臓外科手術に革命がもたらされる」と確信しました。

では、このダビンチ手術が日本においてスムーズに心臓病治療のスタンダードになったかと言えば、そうではありません。

世界が『ダビンチ』を導入していく流れが生じるなか、日本は遅れを取りました。

1999年に『ダビンチ』は完成し、翌年に九州大学に導入されていましたが、心臓外科手術にはまったく用いられていない状態でした。

なぜ、遅れをとったのか？

理由はいくつか考えられますが、おもには次のふたつだったように思います。

まず、『ダビンチ』が高価なこと。

1台を購入するのに2～3億円かかりました。

そのため優れた機械だとわかっていても、医療機関がなかなか導入に踏み切れなかったのです。購入しても『ダビンチ』を使いこなせる医師がいなければ、その費用の償却が見込めない。そんな経営的側面もあったことでしょう。

もうひとつは、医師の側も積極的ではなかったことが挙げられます。『ダビンチ』がなくても、従来のやり方で手術はできます。外科医には職人気質があり、自分が持ち得た技術を保守したがる傾向が強くありました。

「自分たちが技術を磨いてきたやり方を何も変えなくても」

そんな気持ちがあったのではないでしょうか。

私は、主任教授となったあとも、『ダビンチ』の有用性を訴え続けました。

そして、九州大学から遅れること5年、2005年にとうとう金沢大学附属病院に導入されることになったのです。

ロボット心臓手術件数5年連続世界一に

その後、私は金沢大学附属病院の主任教授として職務を全うしながら、医療問題が続いた東京医科大学の心臓外科立て直しを託され、兼任教授を務めました。

私が兼任したのは6年間ですが、週のうち2日は東京、残りは金沢という生活を2011年まで続けました。

二拠点生活のなか、東京医科大学では、2007年、日本初の『ダビンチ』による完全内視鏡心拍動下での冠動脈バイパス手術を成功させています。

そして、２０１４年5月、私は金沢大学を辞め、東京都の杉並区浜田山に「ニューハート・ワタナベ国際病院」を設立しました。

この病院で、２０１９年から5年連続で世界最多となる『ダビンチ』手術を行ってきました。

そしていまも、現役の心臓血管外科医として患者さんに寄り添い続けています。

※

いま振り返って思うのは、いろいろな経験を積み、多くの方と出会って影響を受けたおかげで、**何が起きても、ちょっとやそっとのことでは動じない心を育ててこられた**ということです。

生まれつき心が強い人はいません。

どんな人に出会って何を言われたのか、どんな状況に陥ってどう取り組んだのか。そんな積み重ねが、自分の心を形成していくのだと思います。

次の章からは、私がこれまで歩んできた道のりのなかで心の支えになった言葉や、経験から自分の言葉としてかたちになった「心得」を、心の状態別に紹介していきます。

あせりそうになったとき、プレッシャーに負けそうになったとき、イライラしてしまいそうになったとき、第2章からの心得を思い出して、心の安定をはかってもらえたらと思います。

コラム1

「突然死」を防ぐために

「突然死」という言葉を聞いたことがある方も多いと思います。

ここ数年で、日本人の寿命はさらに延びました。ですがそのぶん、突然死は増加しています。そして、突然死のほとんどは、心臓病によるものです。

日本AED財団の資料によると、その数は一日に約200人、つまり7分に1人が心臓突然死により亡くなられています。

多くの方が、定期健診を受けられているかと思います。年齢を重ねるなかで自分の健康状態を確認することは必要なことですが、実際のところ、定期健診だけでは、あなたの心臓の状態を正確には把握できません。

造影剤を使った検査などで狭心症や動脈瘤が見つかることはありますが、これは一般的な健康診断には含まれていません。

つまり、よほど悪い状態にならないと気づけないのが心臓病なのです。

では、どのようにして心臓病を防ぐのか？

3つのポイントをご紹介します。

①規則正しい生活をする

早く寝て、早く起きる。睡眠時間はしっかりと確保する。規則正しい生活をすることで、体に過度な負担をかけることを避けられます。

②「3つの白い粉」を遠ざける

「3つの白い粉」、つまり「食塩、砂糖、小麦粉」の摂取を抑えることで、心臓病や生活習慣病のリスクを下げることができます。

③飲酒を控え、タバコは吸わない

とくに喫煙は、百害あって一利なしです。お酒も適量以上の摂取は避けたほうがよいでしょう。

さて、あなたはすべて守れるでしょうか？

仕事柄、なかなか生活リズムを一定に保てない方は多くいらっしゃいますし、睡眠時間の確保が難しい方も少なくありません。

また、おいしい食べ物には「3つの白い粉」が欠かせません。

「酒とタバコをなくして、なんのための人生か」

そう思っている方も少なくないことでしょう。

医者としての立場から、私は患者さんに、健康に生き続けるためによいとされることをアドバイスはします。

でも、強制はしません。ここからは患者さん自身に選択してもらいます。

なぜならば、何かを我慢することで過度なストレスを体に生じさせることもよくないからです。そして、当たり前のことですが、人間の命には限りがあります。

おいしいものを食べて満足してこそ、人生はより楽しくなりますし、自分が思ったままに生活してこそ、充実したものになります。

そう考えるのもよいのではないでしょうか。

こればかりは自己判断です。

とはいえ、心臓病を患い、いざ手術が必要になったときには、ほとんどの人が「死にたくない」「健康な状態に戻りたい」と願います。

ならば、心臓手術の現状を少しでも知ったうえで、最適な治療を受けられる病院を選んでいただくことが、突然死を防ぐ予防策のひとつになりうると考えていただくのはいかがでしょうか。

第2章

心が乱れやすいあなたへ

人生に苦難は付き物です。苦しくてその場から逃げ出したくなることも多々あることでしょう。しかし、ブレることなくフラットな状態でこそ、人は安定したパフォーマンスを発揮できます。ここではその極意を記していきます。

心得
1

「メンタルフラット」で生きよう

時間が止まったかのような、研ぎ澄まされた感覚を得ることを「ゾーンに入った」と言うそうです。

世界的なハードル選手だった為末大《ためすえだい》さんは、認知心理学者の下条信輔《しもじょうしんすけ》さんとの共著『自分を超える心とからだの使い方』（朝日新聞出版）のなかで、「ゾーンに入った」経験は人生でたった3度だけとおっしゃっています。

ゾーンに関する話題は、漫画やアニメの世界でも描かれることが多く、周りの人たちの動きが止まって見えるなか、主人公だけ動けているシーンや、周囲の音が一切消えて、自分の世界だけが描かれている場面を目にしたことがある方もいると思います。

心臓外科医である私にも、「手術をしているときの感覚も同じですか」と、取材をしてくださる記者の方から聞かれることがよくあります。

そんなわけがありません。

もし、あなたが患者として、私に心臓手術の執刀を託してくださったとしましょう。日によって驚くほどの実力を発揮することもあれば、そうでもない手術をすることもある心臓外科医。こんなパフォーマンスに波のある外科医に、自分の命運を賭けたいと思いますか？

少なくとも、私が患者なら嫌です。

心臓外科医にとって、何よりも大切なのは「メンタルフラット」であること。緊張しすぎず、いつもどおり、練習でやってきたことを本番でも再現することに意識を向けます。そして、もし何か最初の想定とは違うことが起きたとしても対応できるように、スタッフからの声が聞こえるくらいの深さの集中をもって、患者さんと向き合います。

毎回ゾーンに入れるのであればいざ知らず、為末さんでさえ、生涯において経験されたのはわずか3回だけです。

そんな奇跡のような状態を引き出そうとするよりも、実力をしっかり発揮できる力を身につけるほうが、価値があると思います。

では、仕事においてパフォーマンスにムラがある人と、パフォーマンスの波が少ない人で比べた場合、どちらに仕事を任せたいと思うでしょうか。

多くの方が、後者に仕事を任せると思います。なぜなら、仕事を任せるときは「期待どおりの働き」を相手に求めているからです。はじめから「期待以上の働き」を求めている人はいないでしょう。

大事なのは「いつもと違う力を発揮する」ことよりも、「いつもと同じ力をどんなときでも発揮できるようになる」ことです。

「メンタルフラット」を強く意識してください。

心得

2

違和感を「気のせい」にしない

朝起きて、なんか今日はいつもとちょっと違う感じがするとか、今週は嫌なことが立て続けに起こるなどと思うことはありませんか？

「気のせい」かもしれませんが、そういった**「自分を取り巻く〝気〟の違い」を感じた場合、その違和感はスルーしないほうが賢明**です。

私は手術当日、患者さんのもとを訪ね、最後に手をギュッと握ることを習慣にしています。

手術前に患者さんの手を握るのは、単なる挨拶ではありません。

お互いの気持ちの確認です。

これは滅多にあることではないのですが、手を握った直後に私のほうから「今日、手術をするのはやめましょう」と言うこともあります。

それは、患者さんのエネルギーを感じ取れないときです。

今日、病気と闘って絶対に元気になる！

そう強く意志を固めている患者さんからは、エネルギーが伝わってきます。でもときに、そうでないこともあります。手が冷たいだけでなく、「エネルギーの交流ができていない」と感じるのです。

たとえば、こんなことがありました。

患者さん自身が、じつは手術を受けることに積極的ではないのです。それでも親族から「手術を受けたほうがいい」と言われ入院したものの、本当は手術を受けたくないという気持ちが強い。事前にお会いして話したときは「手術を受けます」と口にしながらも、本当は迷い続けている。

そんなとき、私は言います。

「今日は、お帰りください」と。

緊急を要する場合を除けば、気持ちが定まっていないときに手術を受けることはよくありません。自分の体の行方は、自分の意志で決めるものです。互いの心が通じ合っていないと、最善の手術はできません。

それでも、見放すつもりはもちろんありません。迷っているなら延期しましょう、ということです。人間誰しも迷いはあります。そして、**迷ったまま行動を起こしても、自らが願う結果にはたどり着けません。**

自分が感じた違和感を、大切にしてください。

そして、相手から感じた違和感にも敏感になりましょう。

心の揺れは、ほうっておくといずれ大きな問題となって、あなたにかならず降りかかります。

「あのときこうしていればよかった」と思うのは、うすうす違和感に気づいていながら放置した結果なのです。

心得
3

心をときめかせたころの自分を思い出す

生きていればさまざまな影響を受けて、自分は何をしたかったのか、見失いそうになるときがあります。

私も、何度も何度も経験してきました。

1958年10月10日に東京で生まれた私は、少々腕白ながら平凡な少年でした。

ただ、工作や細かな作業が得意で、手先は器用でした。これは父親から受け継いだものだったと思っています。

麻布《あざぶ》中学校に進学。その中学3年生時に、運命的出会いがありました。第1章でも触れた、漫画『ブラック・ジャック』との出会いです。

それまで私は、将来のことを深く考えることなく日々を過ごしていましたが、『ブラック・ジャック』を読み、大きな衝撃が走りました。

みなさんご存じのとおり、この漫画の主人公ブラック・ジャックは、組織に属さない孤高の天才外科医。高い医療技術を持つ彼が、さまざまな人の命を救っていく物語です。１９７０年代に『週刊少年チャンピオン』で連載されていました。

ブラック・ジャックは高額な手術費を要求するのですが、それには理由が隠されています。心の底に、熱いヒューマニズムを秘めている。

周囲の雰囲気に流されることなく、自らの腕ひとつで世界を舞台に人間の生命と向き合うブラック・ジャックに私は憧れました。

そして、麻布高校に進む前に決意したのです。

「**ブラック・ジャックのような外科医になりたい**」と。

私は手先が器用だと感じていましたから、心臓外科医を目指そうとも思いました。

中学生のころ、私はそれほど漫画が好きだったわけではありませんでした。そんな私が偶然にも『ブラック・ジャック』に出会えたことには、運命的なものを感じます。

手塚先生が描くブラック・ジャックは、単に技術に優れた天才医師にとどまりません。人間の生死に真摯に向き合い、「生きるとは何か」ということに思慮深く迫っていました。そのことが、中学生の私の心を強く揺さぶったのだと思います。

私にとっての「戻るべき場所」、それは『ブラック・ジャック』に出会った少年時の心のときめきです。

もし日々に追われて自分を見失いそうになったら、「戻るべき場所」を意識してください。

それが心を取り戻すきっかけになるはずです。

心得

4

流れに執着してはいけない

何事にも流行りすたりがあります。

ファッション、フード、生活スタイル、テレビタレントの人気、受験勉強のやり方など、さまざまな分野に「流行」はあります。

そしてこれは、医療の世界にも存在します。

治療法、術式、投薬などでも一時は盛んに用いられていたことが、いまでは行われていないものが多々あります。もちろんこれは医療の進歩によるところも大きいのですが、一種の流行と捉えることもできるでしょう。

さらに専門医がよいか、総合的に診られる医者がよいかなどの評判にも流行があります。

さて、この流行ですが、どのようにしてできるのでしょうか。

個人個人の趣向が同じ方向を向くことで生じると思われている方もいらっしゃるかもしれませんが、そうではありません。

最初は小さな波なのです。それを見たり感じたりした周囲の人たちが「これが今年のトレンドなんだ」とそれに合わせていくなかで流行はできあがっていきます。たとえば複数のファッション誌がいっせいに「今年の冬コーデはこれで決まり！」といった特集を組むと、それに倣《なら》っていく感じです。

（自分だけ違ったことをしていたらカッコ悪いから）

そんな気持ちを持つ人が多いように思います。逆から見れば、だから流行が生まれるのでしょう。

流行を追うことを楽しめて、有意義ならそれはいいと思います。でも、流行を追い続けていてはいけません。なぜならば、**周囲に流され続けていると、独自の思いや考えを明確にできなくなってしまう**からです。

なぜこれが流行っているのかを考え、その本質を見抜くことは大切ですが、追う必要はないのです。

人の意見を聞かなくてもいいとは思いません。でも、周囲の声に過敏になりすぎてもいけないでしょう。

映画監督の小津安二郎《おづやすじろう》さんは、かつて「なんでもないことは流行に従う。重大なことは道徳に従う。芸術のことは自分に従う」と『キネマ旬報』の取材で語られていました。

これは、「本当にやりたいことは自分の心の声に従いなさい」と言い換えることができるのかもしれません。

自身の軸をしっかりと持ち、自分を信じ邁進《まいしん》したときに初めて、動じない心を手に入れることができるのです。

心得

5

心を丸裸にすれば不安は消える

みなさんはドラマや映画での場面以外に、実際の手術の現場を見たことがありますか？　おそらく、医療関係者でもない限り、ほとんどの人が「ない」と答えることでしょう。

「手術室は閉ざされたもの」というのが、かつては常識でした。

でもご家族は、心配で「手術の様子を見ていたい」と思われるのではないでしょうか。

密室のなかで何が行われているかわからないのでは、不安が募るのも当然です。

見てもらえばよいのではないか、と私は思いました。

「手術は医療側の秘事であって、他者に見せるものではない」

そのあり方には、ある種の権威主義的意識を感じます。

医師が自信を持って適切な手術をしているのであれば、ご家族に見ていただいてもなんの不都合もないはずでしょう。

そこで私は、「ニューハート・ワタナベ国際病院」の手術室をガラス張りにしました。希望されるご家族には手術の様子を見守ってもらっています。

スタッフがどのように関わり、手術がいかに進行しているかを実際に見て納得していただきたいからです。

これは私がタイの病院を視察した際に初めてガラス張りのオペ室を見て、「導入しよう」と思ったことがきっかけでした。私が知る限り、日本にはガラス張りでご家族に見てもらえる手術室は当院にしかありません。今後、開かれた手術室が全国に広がることを望んでいます。

もう少し言えば、手術は医師が一方的に行うものでもありません。

手術は、医師と患者さんの共同作業です。

患者さんと医師の信頼関係が築けてこそ、その後のみなさんの人生を有意義にする手術が行えます。

絶対に病気を治す、手術を成功させる――。

そのために私は、つねに最善を尽くします。と同時に、患者さんにも強い気持ちを持っていてほしいと思っています。

さらには手術室や医療の現場を開かれたものにすることで、お互いの不安をなくし、物事が前向きに進むことを願っています。

都合の悪いことは隠したくなるのが人情ですが、じつは**隠さないことこそ、心の乱れをなくす第一歩**なのです。

コラム2

いい病院、悪い病院の見分け方

「先生から見て、どういう病院がいい病院と言えるでしょうか?」

私がこれまで受けてきた取材のなかで、もっとも多い質問のひとつです。

それだけ多くの方が、病院選びに悩んでいらっしゃるのでしょう。

私が考える「いい病院」にたどりつく方法は、次の4つです。

①ホームページに過去2年の手術実績が掲載されているかを見る

②病院の名声ではなく命を預けるにふさわしい医者かどうかで考える

③医療と関係ないところで判断をしない

④他院へのセカンドオピニオンを快諾しているかを確認する

ひとつ目ですが、病院のホームページを見ていったときに、去年や一昨年の成績がきちっと載っていて、手術数も実績として載っているような病院でしたら、まずはひと安心でしょう。

ここで気をつけなければいけないのは症例数。年間の症例数が少ないために、過去数年間の合算で「何百件」と出している病院があります。

こういう掲載の仕方をしている病院は、避けたほうがいいでしょう。嘘はついていないでしょうが、数年分を合算することで、かさを増しているだけです。

たとえば「手術実績100件以上」と書かれているものの、よく見たら小さく（過去5年）と書かれているケース。1年間あたりで割るとたった20件です。

参考に、私の病院の2023年の年間心臓手術件数は、639件でした。

海外に目を移すと、心臓手術年間500件はスタンダードなライン。ですので、5年で100件がどれだけ少ないか、そこに自分の命を預けることがどんなに危ないことかがわかっていただけるかと思います。

あなたの命は、手術手技で決まります。〝手術〟は飲んで効く〝薬〟ではありません。名医は必ずいますから、必ず手術実績が掲載されている病院で、スーパードクターを選ぶようにしてください。


ふたつ目は、病院の大きさや名声だけで安易に命を託してはいけないということです。事前に実績を調べて目星をつけた病院に行ってみても、対応に違和感を覚えたら迷わず次の病院を探すことを考えてください。

本来であれば患者さん側が医者の情報にアクセスしやすい環境がもっと整っているべきなのですが、残念ながら日本はまだまだそのあたりが遅れています。

ちなみに私が考える理想は米国ニューヨーク州のアクセス方法です。たとえば「○○先生が執刀した年間執刀件数は何例、死亡が何例」といったことが、調べればすべて出てきます。

非常にフェアな方法なので日本でもぜひ取り入れてほしいところですが、現状はそうなっていないので、「この医者は私の命を託すに値する医師かどうか」という視点で選ぶようにするといいでしょう。

3つ目ですが、これは日本の患者さん特有の感覚でしょう。

ひとつ目で避けたほうがいいといった病院に万が一入院した場合。普通であれば転院しようという気持ちになるはずですが、実際はなかなかなりません。とても不思議なことに、日本の患者さんは、自分がかかっている病院のことを「いい病院だ」と思い込もうとする傾向があります。

「先生が親切」とか「若いけれどよく見てくれる」とか、医療以外の面を重視してしまい、結果としてわざわざ患者さんが高いリスクを負ってしまう。あるいは、地方ほど「この病院に見捨てられたらほかの選択肢がない」という考えを持ってしまう人もいるでしょう。

心臓外科は、最終的には腕がすべてです。

そして最後の4つ目ですが、患者さんが他院へのセカンドオピニオンについて尋ねた途端、「もう今後は診ない」とか「あそこに行ってもよくないよ」などと言い出す医者ならば、すぐに病院を変えてください。その医者はおそらく、自らの医療が劣っていると考えているか、プライドを傷つけられたと感じていると思います。

生死に関わるような事態に、医者のプライドをくみ取る必要などまったくありません。ベストな環境での治療を選ぶことが大切です。

もし、みなさんの周りで病院探しをしている方がいたら、この4つのポイントをぜひ伝えてみてください。

第3章

人間関係で心が乱されるあなたへ

人との関わりにおいて、ときには外部からの負の感情で心が乱されてしまうこともあることでしょう。そんなときでも、つねに自分を「主役」に置くことで、つらい環境でも前に進むことができます。

心得
6

言葉はひと呼吸おいて受け入れる

金沢大学医学部に入学した年に、怖い言葉を聞いたことがありました。

当時、大学を卒業したあと、行きたい大学の下見のため、5、6年生は研修に行っていました。そのため、別の大学の附属病院を訪れたときのことです。

たまたま時間の空いていた医師が、私の相手をしてくれました。

「君は1年生か、まだ来るのが早いんだよ」

そう言いながら、いろいろとためになる話をしてくれました。

ただ、最後に彼が口にした言葉を、私は忘れられないのです。

「心臓外科医は、何人か殺せば上手くなるんだから」

このとき、私はドキッとして震えました。

心が拒否反応を示したのです。

おそらくこの医師は、私だけではなくほかの医学生たちにも同じように話していたのでしょう。この言葉を額面どおりに受け取った者もいたはずです。のちにわかったことですが、同じような考えを持つ医師が、じつは少なくありませんでした。

「それは違う！」

そう強く私は思いました。

確かに技術を上げていくためには経験が必要でしょう。

それでも、人間の生命と対峙《たいじ》する者として「失敗を経験することで上達するのだから」という感覚は受け入れられませんでした。

手術は絶対に成功させねばなりません。それが医師の務めです。

私は日々、目前の手術のことで頭がいっぱいで過去のことをあまり憶えていなかったりもするのですが、あのひと言は強烈すぎて忘れることができません。

「相手のことを考えて話しなさい」ということを言われた経験がある人もいると思います。それと同じくらい、**言われた言葉をどう受け止めるべきかにも目を向ける必要がある**のです。

上司が、先輩が、友人が言ったことすべてを鵜呑みにするのではなく、ひと呼吸おいて、受け入れていいかどうか判断するようにしてください。

判断し受け入れた言葉は、みなさんが苦しいとき、つまずきそうなとき、壁にぶつかったとき、心の支えや道を切りひらくヒントとなってくれるでしょう。

心得

7

人生の主役は「自分」

「Selbst ist der Mann（人に頼るな）」

これはドイツ留学を終え帰国する際に、師であるボルスト教授が授けてくれた言葉です。当時32歳だった私は、「孤独でもがんばれ」と言われたのだと思いました。

ハノーファー医科大学に入った直後の私は、孤独でした。のちに私の実力が認められ、よき仲間となるのですが、最初は「この日本人は、ここに何しに来たんだ」と言わんばかりの冷たい視線を向けられ、嫌がらせもされたのは、すでにお話ししたとおりです。

そんな経験をしていた私を見ていたので、「日本に帰ってもつらいことはあるだろう。孤独でもがんばれよ」と言ってくれたのだと思い込んでいたのです。

実際、帰国後に金沢大学附属病院でそんな状況に陥り、ボルスト教授の言葉を思い浮かべもしました。

でも60歳を過ぎた現在、ボルスト教授が授けてくれた言葉の本当の意味は、そうではなかったと理解しています。

先生は、こう伝えたかったのでしょう。

「答えは自分のなかにしかない。自分がなすべきことは自分だけが知っている。人を気にせず自分を磨け、そして強い気持ちを持って信じろ」

みなさんを形作るのは、みなさんが歩んできた道のりです。

その道は幸せなことばかりではなく、むしろ孤独で長く険《けわ》しい道でしょう。

私もドイツで、豚の心臓相手に来る日も来る日も手術の練習を繰り返しました。

この暗闇は、本当に晴れるときが来るのだろうか。

こんなことをしていて、本当に自分が目指す医師になれるのだろうか。

周りに味方が誰もいない環境で、自問自答を繰り返し、心が沈みそうなときもありました。

ですが、そのおかげでいまがあります。

飲み込みが遅くても、成長が遅いと言われても、なんのためにそんなことをしているんだと周囲から揶揄されても、気にする必要はありません。

未来の自分を強く信じて、ひとつずつレンガを積むように、時間をかけて成長していきましょう。

心得

8

「屈辱」は、逆に力にもなる

人が大きく成長するカギは、挫折を味わったときと、屈辱を味わったときだと思います。

挫折は自分との対話によって味わうものですが、屈辱は誰かによってもたらされる、より味わいたくない感情です。残念ながら私は後者でした。

ハノーファー医科大学での2年半、そして富山医科薬科大学での8年間は、私を医師として大きく成長させてくれました。

富山医科薬科大学時代に「オフポンプ手術」「アウェイク手術」そして「完全内視鏡下手術」に取り組み、成果を上げられたことには、周囲の方たちにも深く感謝しています。

とくに、私のチャレンジを温かく見守ってくれた山本恵一教授には感謝の念に堪《た》えません。

もし、ドイツから帰国したあと、金沢大学に残っていたら飼い殺しにされてチャレンジできなかったかもしれません。いま振り返れば、富山医科薬科大学に勤められたことは、私にとって幸運なことでした。

それでも、かつては尊敬していた金沢大学の助教授から、

「君の居場所は、ここにはないよ」

そう告げられたあの日のことは絶対に忘れないと心に誓いました。

嫌なことや理不尽に感じることからは「逃げる」という選択肢をとってもいいと思います。体も怪我をしたら手当てをし、リハビリを行って復帰していくように、心も傷を負ったら同じことをすべきでしょう。

ですが、もっとも大切にしていること、たとえば自分の想いや夢を汚されたときだけは、向き合い、立ち向かってください。

とくに、**あなたが心のなかで育ててきた想いを、誰かが自分の利益だけを考えて放った発言によって破壊することは、許されない**のです。

「必ず旧態依然とした医療のやり方を変えてやる。患者さんたちのためにも」

あのときの決意は結局、8年間、揺るぎませんでした。それがあったからこそ、心臓外科手術に真摯に対峙してこられたのだとも思います。

受けた屈辱は、成長しようとするあなたの心のエサになります。

時間をかけても構いません。

屈辱と向き合い、多くを吸収し、心をより大きく成長させましょう。

心得

9

白衣を着たら
やることはひとつ

「懈慢界《けまんがい》」という仏教用語があります。無数の快楽によって、極楽浄土に生まれようとする本来の目的を見失わせる世界のことを言うそうですが、まさにこの世の中はその世界に近づいてきているような気がします。

私が初めて「オフポンプ手術」を成功させたころの医学界の反応は、決して好意的ではなく、それどころか、激しい批判を浴びました。

１９９４年の日本外科学会で、私は手術の成果を発表しました。より安全な手術を多くの医師に行ってもらい、患者さんのリスクをできる限り取り除きたいと思ったからです。

理解を得られると思っていたのですが、そうではありませんでした。この学会で司会を務めた医学界の重鎮である国立系専門センターの総長は、みんなにこう呼びかけたのです。

「こんなトリッキーで危険な手術をやりたいという人がいたら、手を上げてください」

会場は静まり返り、誰も手を上げませんでした。

露骨な嫌がらせだと私は感じました。

なかには、私の発表に興味を持った方もいらっしゃったことでしょう。でも、重鎮である総長に忖度《そんたく》し、手を上げなかったのだと思います。もしくは、新しいやり方を提示されるのが嫌な方もいたのかもしれません。自分たちのこれまでのやり方を否定された気持ちになったのか、それとも新たな手術のやり方に対応する自信がなかったのか……。

このときに私は、改めて思いました。**目を向けるべきは学会の反応ではなく、患者さんのためにさらに手術を進化させること**だと。〝白衣を着たら、やることはひとつ〟です。

何か新しいことを始めようとしたとき、それを邪魔するのは「一般的ではない」という固定観念。また、新機軸への共鳴を拒むのは「周囲から何を言われるかわからない」という自己保身意識です。

本当に大切なことは、「なんのために、誰のためにやるのか」という本来の目的を忘れないことです。

とはいっても、長い人生においてさまざまな人の影響を受けて、自分も気づかないうちに、それを見失ってしまうこともあるでしょう。

だからこそ、白衣を着たら何をすべきか思い出すことが医者に必要なように、みなさんも、たとえばスーツを着たとき、仕事着を着たとき、「なんのためにやるのか、誰のためにやるのか」を思い出す習慣をつけてください。それだけで、心が本来の目的に立ち戻るきっかけをつかむことができるはずです。

心得

10

言葉に「血が通っているか」を見極める

医師である私が言うのも変ですが、病院は嫌なところです。用事がなければ近づきたくないでしょうし、できれば病院に行かないといけない事態は極力避けたいと思っているはずです。

ですが、もし体調を崩してしまったら、自分が患った病状について、あるいは手術が必要な場合はどのようなことが行われ、術後にどのようになるかについて、医師から説明を受けることになります。

これはどの科においても同じかもしれませんが、医師が悪い意味で「患者に慣れてしまっている」傾向があるように感じます。

診察する医師にとっては見慣れた病気で、その患者さんは大勢の患者の一人にすぎないのかもしれません。

しかし、その患者さんにとっては、自分の身に突如としておきた異変ですから、不安になって当たり前です。

「自分の病状、治療法、手術の内容をとことん知りたい」

そう患者さんが思うのは、当然のこと。

しっかりと説明を受け、治療、手術を受けるべきです。また逆に患者さんの意向も、医師はしっかり聞くべきでしょう。

医者の言うことを黙って聞いていればいい――それは違います。

医療は、患者さんと医師の信頼関係をなくして成り立たないのです。


もし納得がいかなければ、「セカンドオピニオン」「サードオピニオン」を患者さんは求めることができます。これは近年、一般化してきているのですが、こんな悲しい話をしょっちゅう耳にします。

「セカンドオピニオンを聞きたい」。そう申し出た患者さんに対して「じゃあ、もううちでは診ない！」と医師が怒り出したというのです。

でも、そんな狭量な医師の言うことなんて、聞く必要はありません。

医者は星の数ほどいますが、世界にひとつだけの、大切なあなたの体のことなのですから、**多様な診断や治療法を求めることも当然の権利**です。

医師に限らず、決意して打ち明けた不安に理解する姿勢を示さない人とは、距離を置くことをおすすめします。

「人はいつかわかりあえる」という考えがあります。

たしかに、多くの時間をかけて丁寧にコミュニケーションを続けていけば、いつかそうなれると私も信じたい。でも、いつまでたっても平行線の人間関係も、実際に存在します。

とりわけ病気に限っては、時間との勝負です。

みなさんの抱えている不安を取り除かずに、淡々と流れ作業のように体を診る医師に割いている時間など、一秒たりともないのです。

心得

11

心を曇らせてはいけない

人と信頼関係を築くときに、私が大事にしていることとは何か。

それは、「**真摯であれ**」ということです。

まず、しっかりと患者さんの話を聞く。

この基本ができていない医師が、とても多いと感じます。

「先生」と呼ばれることで、勘違いしてしまっているのかもしれません。

ときには、患者さんは自分の言うことを聞くものだと思い込み、横柄な態度で接している医師もいます。


医師と患者の間に、上下関係などありません。


私は、決して人付き合いのいいタイプではないと思います。

必要以上に相手に気を遣って馴れ合うことはしませんし、お酒を飲むこともほとんどありません。時間があるなら、自分が没頭できることに割きたいと考えます。

それでも、人に対しては誠実に接したいと思っていますし、いままでもそうしてきたつもりです。群れて生きる必要性を感じたことはありませんが、出会った人に対しては、誠実に謙虚に、まっすぐに向き合いたい。これは、「医師として」というよりも、「人として」至極当然のことだと思います。

相手の立場によって態度を変える人がいます。手術室でも、そういう外科医はたくさんいます。

自分よりも立場が上の人にはペコペコし、下の者には威張り散らす。そんな人に、私は嫌悪感を抱きます。

人を見下すような人は、自分より立場が上にあっても、尊敬する気にはなれません。

横柄な態度は、人の気持ちがわからない「心の曇り」であり、同時に

「自信のなさ」から生じるものです。立場に見合う実力を備えていないから、自分を大きく見せようと尊大に振る舞っているにすぎません。

ただ、ポジションが人を狂わせてしまうこともあるので、その可能性も頭の片隅に置いておいてください。

課長や部長など、役職で呼ばれるようになると、どうしてもその役割のイメージを演じようと、自分でも気づかぬうちに悪い方向に変わってしまいます。

だからでしょうか。最近はどの役職であろうと、肩書ではなく「○○さん」と名前で呼ぶことをルール化している企業が増えてきたと聞きます。

いちばん大事なのは、誰に対してもつねに真摯な姿勢でいること。

心を曇らせず、年上・年下、役職にとらわれず、人と真摯に向き合うことを忘れないでください。

コラム3

いい治療を受けるためにするべきこと

私は金沢大学附属病院時代の2005年から、患者さんが私に直接相談をできるようにするため、心臓手術に関する相談フォームをホームページに設けています。「メール外来」と呼んでいただくこともあるこの相談フォームですが、これまで心臓に不安を抱える多くの方々とやり取りをしてきました。

いただいたメールはすべてに目を通し、よほどの事情がない限りはすぐに返信するようにしていますが、ときに深刻な場合は相談相手から検査結果や経過を聞き、必要な場合には当院で手術を行っていただくことも幾度となくありました。

たくさんの方とやり取りをしてみて思うのは、私のところに相談をしてくださる方は、自分の病状や治療法を本当によく調べている、ということです。

それは決して悪いことではなく、むしろ非常にプラスです。


こういった心配をされる患者さんがよくいらっしゃると聞きます。

「先生にあまりあれこれ聞きすぎると嫌な顔をされないだろうか」

「医者でもない自分が、治療法について疑問を投げかけるのはおこがましいのではないか」

これらは私から言わせていただくと、気にする必要はまったくありません。

私のもとに相談に来られる方のなかには、論文まで読み込んで、「だから先生の手術を受けたいんです」と言って来られる方もいらっしゃいます。

もちろんみなさん全員がそうする必要はありませんが、診断を下した医者から言われた治療法だけがすべてではありません。

インターネットの検索画面にキーワードを打ち込めば、関連する項目が無数に出てくる時代において、ひとりの医者の言葉を妄信することなく、自ら治療法の選択肢を広げていくことが大切です。

そのときに、情報の波に飲まれそうになったら、心臓に関しては私にメール相談をしてくださったらいいと思います。

治療法だけでなく、予後に関しても調べておくことを勧めます。

どんな手術を受けたかによって、回復や退院するまでの日数は大きく変わります。とくに、早く復帰しなければいけない状況にある方にとって、どれくらいで歩けるようになり、退院できるのかは、これまでの生活を維持していくうえでも大切なことでしょう。

私の友人で肺がんの手術を行っている外科医がいます。

彼の手術を受けた患者さんは、手術終了1時間半後には歩けて、水を飲んで吐き戻しがなければ昼ご飯が出ます。しかも、80歳の高齢者であろうと関係ありません。

そして、翌日には退院できるそうです。

このような患者さんの予後にまで気を配れるすばらしい医者は、調べることで出会える可能性が広がります。

はじめから「お医者さんにすべて任せましょう」という考えは、もう古いと言えるでしょう。

誰に自分の命を託すのか。まずご自身の手で調べることがＱＯＬ（生活の質）の向上にもつながるのです。

「メール外来」とは？

「心臓手術に不安を感じている方からの声を直接聞きたい」という思いで、2005年から始めた「メール外来」。

これまで1万件以上ものお問い合わせをいただきました。

いまも、始めたときと変わらず、私が直接お返事しています。

ご相談のある方は、下記アドレスまたはQRコードからご連絡ください。

https://doctorblackjack.net/contact/form.cgi

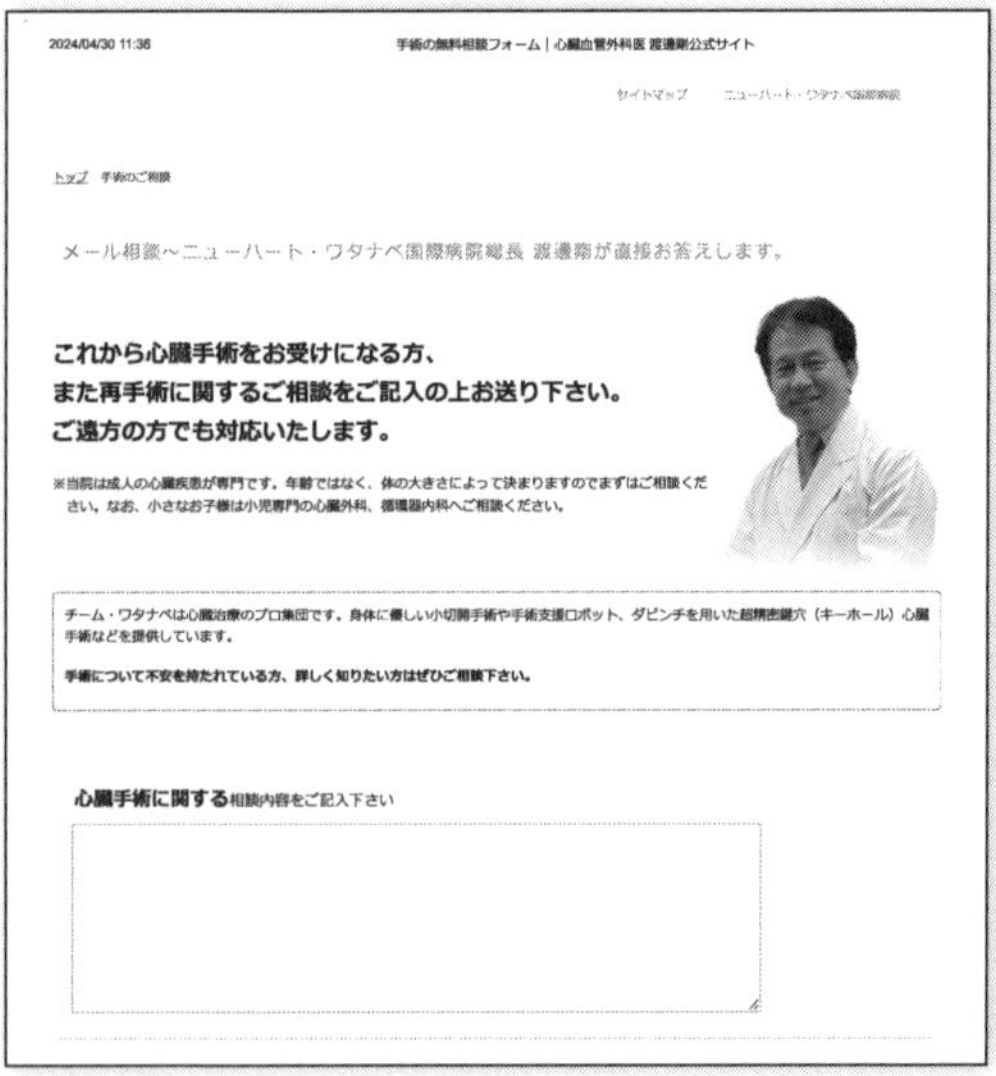

第4章

壁にぶつかり心が折れそうなあなたへ

目の前のタスクがうまくこなせなかったり、思いどおりの成果にならなかったり、「壁」を前にすると人はどうしてもあせってしまいます。つらいときこそ心をリセットし、行動することで、壁を乗り越えることができます。

心得

12

回り道こそ
いちばんの近道

「経験を賢く生かすならば、何事も時間の無駄とはならない」

「考える人」で有名な彫刻家のオーギュスト・ロダンの言葉です。

1992年に私が富山医科薬科大学の第一外科に助手として入局したときのことです。

富山で私を迎えてくれたのは、金沢大学の先輩であり、第一外科トップの山本恵一教授でした。山本先生は心臓が専門ではなかったものの、洞察力に秀れ進歩的な思考を持ち合わせた方で、私に大きな影響を与えてくれました。〝お子さまだった私〟を〝大人〟にしてくれた人です。

当時、富山医科薬科大学の第一外科では、ほとんど手術が行われていませんでした。心臓病手術の患者数は、年間で10～20人程度だったのです。県内に手術が必要な患者さんの数が少なかったわけではありません。単に、手術が必要な患者さんが送り込まれてこなかったのです。

だから私はすぐに、県内の病院を回りました。

「手術の必要があれば私に任せてほしい」と。

しかし、反応は芳しくありません。

「いやいや、金沢大学に送ったほうが安心だからね」とはっきり言われる始末です。

ならば、実績を積んで、大学病院内はもちろんのこと、地域の病院の医師たちの信頼も得なければと思い、それに向けた努力を続けました。

その間、多くのことも学びました。

それは、富山医科薬科大学の第一外科には、私の下に3年目の外科医がいるだけで、つねに人手が足りていない状態だったからです。

よって、富山での私の役目は、執刀するだけではなく、外来診療から入院中のケア、退院後のフォローまでのすべてでした。とても重要な経験で、術後管理を徹底して行うことでさまざまなことに気づけました。

執刀して、あとは患者さんを術後管理専門の他者に任せる。これがオーソドックスですが、術後も細かく患者さんに接する機会を得たことで見えたものが数多くありました。

患者さんを迎え入れ、問診をし、手術、さらに退院を見届けるまでのすべてをやることが、その後の医師としての大きな成長につながったのです。

タイパ、コスパが重視される世の中において、だからこそ**あえて回り道をすることの価値が高まっている**気がします。

とくに回り道で待ち構えていることは、想定外の出来事の連続です。

その経験を積んでおくことは、あせったりイライラしたときに平常心を取り戻すための引き出しを増やすために大切なことなのです。

心得

13

「量」なくして「質」は生まれない

「天才なら努力をしなくてもできる」

そんなふうに思う方もいるかもしれませんが、私からすればそんな人はいません。もともとセンスも技術も持ち得ている人が、さらに努力を重ね、そのうえで「天才」と呼ばれる人物になりえるのです。

努力とは、いわば「こなす量」です。

ドイツ時代の留学先、ハノーファー医科大学のあるハノーファーは、ベルリンから西に300キロに位置する街で、1960年代に創設された大学は郊外にありました。同大学の胸部心臓血管外科は年間の開心術（心臓にメスを入れる手術）約1500例、心臓移植約100例。ドイツにおける外科手術の中心を担っていました。

この外科の主任教授であったハンス・G・ボルスト教授は、大動脈瘤を専門とし、ドイツにおける心臓外科の草分け的存在。当時60歳くらいで、とても厳しい方でした。

私はハノーファーで過ごした約2年半、病院内の宿舎から外に出ることはほとんどありませんでした。ヨーロッパ観光を楽しんだ記憶もありません。**自分を律さないと成長を目指して闘えない状況**だったからです。

ボルスト教授は何事にも厳しい方でしたから、一時も気を抜けません。ずっと気持ちを張り詰めていました。

日本にいたころは早起きが苦手でしたが、そんなことも言っていられません。毎日、朝7時から病院で行動せねばならなかったのです。

まず病棟回診、医師ミーティング、その後はボルスト教授のICU（集中治療室）回診に同行。そして8時15分からは手術が始まります。

手術がすべて終わるのが午後3時ごろ。それから昼食をとって病棟を回ったあとに5時からは移植患者の術後管理ミーティングなど……すべてが終わるのは夜の7時過ぎでした。それから宿舎に戻るのですが、そのあとに緊急手術が飛び込み、再び白衣を身に纏《まと》うことも多々ありました。

毎日2〜3件の手術に立ち会うことは、日本ではできない経験でした。3つの手術室で、それぞれ2〜3件の手術が毎日行われます。そして驚いたことに、日本では8時間かかっていた手術が2時間前後で終わるのです。それだけではありません。患者さんの回復も早く、早期に退院していくのです。当時の日本との心臓外科手術のレベル差を痛感しました。

そんな体験ができたことは有意義だったのですが、ハノーファー医科大学留学直後の私のメンタルは相当やられていました。

語学学校に通ったとはいえ、私のドイツ語は周囲とコミュニケーションをとるのに充分ではありませんでした。徐々に解消されていくのですが、最初の数カ月はそのことでかなりのストレスを抱えていました。

また、周囲から向けられる目も冷たいのです。

「よくわからないよそ者が来た」

ドイツの医師たちは、そんなふうに私を見ていたと思います。

初めてボルスト先生の医療チームに加わり、そのやり方を何もわからない私に対して誰も助け船を出してくれませんでした。

私が飛び込んだ世界は、完全なる実力主義社会でした。

自分より年上だからとか、先に入ったとかは関係ありません。

上手いか、上手くないか。ただそれだけです。

なぜなら、それが患者さんの命を救うことにつながるからです。

おいしくないレストランには行かないでしょう。

下手な美容室でわざわざ髪を切ってもらおうとは思わないはずです。

どの世界でも同じです。

質を確立するためには、量しかありません。

「量のない質」はありえません。ただの幻想です。

心得

14

ひたむきさが本物を生む

手術現場はシビアです。一分一秒が患者さんの生死に直結します。

留学先のドイツでの四面楚歌の環境下で、私はずいぶんと鍛えられました。

たとえば冠動脈のバイパス手術でバイパス用の血管を足から採取する役目を務めるとき、要する時間は15分程度です。

手間取ってしまい、それ以上かかると「早くしろ！」と厳しい口調で言われます。それは当然のことでした。これは私に限ったことではなく各自のスキルアップは不可欠です。

当時の私にとって、上手く手術ができるようになることがトップ・プライオリティ（最優先事項）でした。だから、疲れて宿舎に戻ったあとも、血管縫合の練習を日々行っていました。

宿舎から少し離れた場所にある市場に行けば、豚の内臓を売っていました。それを大量に買い込み、宿舎の冷蔵庫に入れておくのです。手術で余った血管は病院から持って帰り血管縫合を繰り返し行う、それが日課になっていました。


最初の数カ月は手術室でも孤独でした。

でも、あるときから状況が一変します。

多くの医師たちが見守るなかで行った手術で、私は短時間で静脈を綺麗にとってみせ、完璧な形で終えました。

以降、それまで私を無視したり蔑《さげす》んだ視線を向けたりしていた医師たちが、フレンドリーに接してくるようになったのです。

明らかに周囲の態度が変わった瞬間でした。

当時の日本の医療現場とは異なり、ドイツでは「実力主義」が貫かれていました。これはフェアなことです。

人の生死に関わる医療現場で、馴れ合いや妥協は許されません。

「できない」ものに対しては厳しい視線が向けられます。

でも、「こいつ、やるじゃないか」と認めた相手に対しては、敬意を表するのです。


以降、私が置かれる環境は変わりました。

「この手術はワタナベがやってくれ！」

ミーティングで、そう言われる機会が一気に増えたのです。

やがて私は、ボルスト教授の第二助手から第一助手に昇格し、その後に心臓病棟のチーフも任されました。しっかりと仕事ができ、それが認められればよいポジションが回ってきます。

ボルスト教授から多くの執刀機会を与えてもらえたことには、いまも深く感謝しています。なかでも忘れられないのは心臓移植手術です。

「お前ならできる。やってみろ」

そう言われて挑み、成功させました。

これは、**日本人医師が行った最年少例**となっています。


ドイツ留学での経験が、いまの私の基礎を作ってくれました。

決して楽しい日々ではありませんでしたが、苦しみながらも有意義な経験でした。くじけそうになっても闘い続けられたのは、決して私の気持ちが強かったからではなく、さまざまな経験が私を強くしてくれたのだと思います。


いま、社会全体で、努力に対する受け止められ方が変わってきているように感じます。効率やコスパを重視する傾向の現代において、努力は価値がないものと捉えられている気がします。

効率よく情報がとれる現代ならば、たしかにそういう部分はあると思います。ですが、〝ただ〟ガムシャラに努力することと、〝目的に向かって〟ひたむきに努力することの意味は、まったく別物です。

自分が目指す目的に向かって、必要な技やスキルを身につけるために、ひたすら己を鍛え続ける。筋トレと一緒です。腹筋を鍛え始めてすぐは、お腹なんか割れません。ですが、毎日理想のお腹をイメージしながら腹筋をすることで、自分が思い描いていた体はいずれ手に入るでしょう。

まずは〝目的に向かって〟ひたむきに努力を続けてください。
それがいずれ、壁を乗り越えるための強さに変わります。
鍛えれば鍛えるほど強くなるのは、心も同じなのです。

心得

15

評価のギャップに目を向ける

成果を上げているのに、周囲から評価されない。

自分のほうがうまくやれているのに、認められない。

「実力主義」とはかけ離れたところで、実力を発揮するチャンスを妨げられる――。

これらは病院に限らずどの業界でもあることかもしれませんが、当事者にとってはつらいことです。


留学先のドイツから日本へ帰国したときの話です。

ドイツで学んだことを、日本の医療に活かしたい。

患者さんたちのために、よりよい手術を実践していきたい。

そう強く決意し、帰国したのにもかかわらず、「君の居場所は、ここ（金沢大学）にはないよ」と言われ、金沢大学の医局から富山医科薬科大学への異動を命じられました。

留学中に私が上げた成果は、喜ばれることなく逆に妬まれ、排除の力が働いたようでした。

寂しさを感じました。と同時に、実力主義であるドイツとはかけ離れた日本の現状を憂い、「なんとかしなければいけない」とも思いました。医療は、患者さんたちのためにあるべきです。医者のためでも、ましてや医者たちの政治のもとにあるわけでもありません。**優れた医療こそが、トップ・プライオリティでなければいけない**のです。

ただ、若い医者がひとりで声を張り上げたところで、何も動かせません。それが現実で、組織内で力を持つことも必要なことも知りました。

もしみなさんがいま、思うような評価を周りから得ていないと感じたり、いくらがんばっても何も変わらない状況が続いていたとしましょう。

そんなとき、どうするべきか？

理不尽だと感じても会社の方針に従い、悔しさを忘れることに努め仕事に従事する。あるいは「やってられるか！」と啖呵《たんか》を切って会社を辞める。

いずれも不正解です。

なぜ、いま自分と周囲の評価がかけ離れているのかを考えるべきなのです。自分に何が足らなかったのかを。

あきらめても、自棄を起こしてもいけません。私がもしあのときに自棄になっていたら、世界一の心臓血管外科医にはなれなかったでしょう。

周りからの評価は冷静に受け止め、いま何が足りていないのかに気づくことが、自分の心の成長につながるのです。

心得

16

つらいときこそ考える

自分が思い描いていたことと現実との乖離《かいり》は、心に大きなダメージを与えます。

20世紀終盤の約8年間、私は富山医科薬科大学で心臓外科医を務めました。その間の症例数（手術に立ち会った回数）は、約800。1年あたりの平均で、約100です。富山医科薬科大学時代の後半である1998年以降の症例数は、年間170～180ほどでしたから、それ以前はかなり少なかったことになります。

自らの実力を発揮する機会を得られないことは、つらいものです。

たとえば、プロ野球やサッカーJリーグなどプロスポーツの世界では、監督やコーチとの相性が悪く、あるいはチーム事情で活躍の場が得られない選手は多くいることでしょう。

企業に勤めるビジネスパーソンの方も同じです。

自らのプランを成功させる自信があるのに、そのチャンスを与えられず、悶々《もんもん》とした日々を過ごすことを余儀なくされる話を聞くことがあります。

そんなとき、みなさんならどうしますか？

腐りますよね。

私も心が沈みました。

でも、活躍するチャンスが得られないことは、何も悪いことばかりではありません。「閑職《かんしょく》に追い込まれたなら、それは新たな企画を考案するよい機会でもある」とマインドリセットして前を向くことを私は選びました。

30〜40代の私には、やってみたいことがいくつもありました。

チャンスはとぼしかったですが、発想にはあふれていました。

心のつらさは行動すれば薄れる

まず私が取り組んだのは、第1章でも触れた「オフポンプ手術」です。冠動脈バイパス手術があります。冠動脈は心臓の心筋に酸素と栄養を送る大切な血管ですが、ここにコレステロール等が溜まり、狭くなったり詰まったりすると血液の流れが悪化して虚血性心疾患を起こします。

そんな患者さんに対して、機能しなくなった血管を迂回《うかい》するようにして新しい血管をバイパス状に縫い合わせる手術を施すのですが、従来は心臓の動きを止めて人工心肺と呼ばれるポンプにつないで行っていました。この術式を「オンポンプ手術」と呼びます。

この「オンポンプ手術」に対して、心臓を止めずに、動かしながら行うのが「オフポンプ手術」です。

「オンポンプ手術」の場合、人工心肺を用いるわけですが、これにはさまざまな問題がありました。機械内で血液を循環させる際、血液や血小板が壊れやすく、免疫力が落ちたり血圧が下がったり、肺機能が低下したりします。これらにより、ときに重篤な合併症を引き起こすことがありました。また血栓《けっせん》（血のかたまり）ができやすく、それが脳や腎臓にまでおよび脳梗塞や腎不全を起こす恐れもあったのです。

これらを回避すべく、富山医科薬科大学に勤めていた1993年に人工心肺を使わない「オフポンプ手術」を開発しました。つまりは心臓の動きを止めずに手術を行うことに挑んだのです。

ドイツやアルゼンチンなどではすでに「オフポンプ手術」が行われていましたが、日本においては誰もやっていませんでした。

それは、簡単にできることではなかったからです。

なぜならば、心臓の動きを止める「オンポンプ手術」では縫い合わせたい患部が固定されますが、「オフポンプ手術」の場合、患部が動いている。それを前提に手術を成功させるには、技術はもちろん工夫も必要でした。

そこで私は考えました。

心臓を動かしたままで患部を固定できる方法はないかと。

考えついたのは、器具を用いること。シリコンゴムで直径4センチ、厚さ1センチほどのドーナツ型固定器具を自分で作ってみました。ドーナツの穴にあたる部分を縫合したい箇所に合わせ、ゴムの空気を抜くと器具が心臓にピタリと吸着し患部を固定する仕組みです。

試行錯誤を繰り返しましたが、器具を完成させることができました。

この器具は「スタビライザー」の名称で現在は市販されていますが、「オフポンプ手術」が日本で行われていなかった当時は自分で作るしかなかったのです。

この器具を用いて、また自らの技術も磨き、私は「オフポンプ手術」を日本で初めて成功させました。

「オフポンプ手術」が主流になれば、患者さんのリスクは軽減されます。実際、あれから30年以上経った現在ではオフポンプが冠動脈バイパス手術の主流となり、安全性もデータで裏付けされています。


もし私が現状を嘆き、マインドをリセットせずに腐ったままだったら、「オフポンプ手術」の導入は、かなりあとになっていたことでしょう。

食べ物において、腐敗と発酵の違いは、人体への影響の違いだそうです。

体に害を及ぼす食べ物になってしまうと腐敗物として捨てられ、反対に発酵すれば栄養がパワーアップし、ワンランク上の食べ物へと進化します。

人も同じではないでしょうか。

何もせずに腐り続けていれば、不満は溜まるだけでスキルはさびついていき、周りからも次第に見放されていくはずです。

心のつらさは、行動することで薄れます。

つらいときこそ行動しましょう。

その行動がやがて発酵するかのごとく、みなさんをワンランク上のスキルを持った人間に進化させ、新たな道がひらけることでしょう。

心得

17

細い糸をたぐり寄せると、いずれ橋になる

郵便はがき

切手を
お貼りください

105-0003

（受取人）
東京都港区西新橋2-23-1
3東洋海事ビル
（株）アスコム

心を安定させる方法

読者　係

本書をお買いあげ頂き、誠にありがとうございました。お手数ですが、今後の出版の参考のため各項目にご記入のうえ、弊社までご返送ください。

お名前	男・女	才
ご住所　〒		
Tel	E-mail	
この本の満足度は何％ですか？		％

今後、著者や新刊に関する情報、新企画へのアンケート、セミナーのご案内などを郵送またはeメールにて送付させていただいてもよろしいでしょうか？
□はい　□いいえ

返送いただいた方の中から**抽選で3名**の方に
図書カード3000円分をプレゼントさせていただきます。

当選の発表はプレゼント商品の発送をもって代えさせていただきます。
※ご記入いただいた個人情報はプレゼントの発送以外に利用することはありません。
※本書へのご意見・ご感想およびその要旨に関しては、本書の広告などに文面を掲載させていただく場合がございます。

●本書へのご意見・ご感想をお聞かせください。

ご 協 力 あ り が と う ご ざ い ま し た 。

「6次の隔たり」という言葉を知っていますか？

アメリカの社会心理学者であるスタンレー・ミルグラム氏が行った「スモールワールド実験」の結果から生まれた言葉で、まったく知らない人物でも、間に5人の仲介者を経れば、6人目で目的の人物までたどり着けるという理論です。


ダビンチ手術が日本においてスムーズに心臓病治療のスタンダードになったのかと言えば、そうではありません。世界が『ダビンチ』を導入していく流れが生じるなか、日本は導入コストの面などから遅れをとりました。

私は大学に『ダビンチ』の購入を提案し続けましたが、やはり高価なこともあり、なかなか理解は得られませんでした。

そんな日々が続いたあるとき、私の患者さんでもあった年上の信頼のおける知人に相談する機会がありました。知人は、以前に有名な国会議員の秘書を務めたこともある方で、「どうすれば『ダビンチ』を導入できるか」を一緒に考えてくれました。そして、国会議員の馳浩《はせひろし》さんを紹介してくれたのです。

現在は石川県知事である馳さんは、そのころ、文部科学省の政務官を務めていました。私が世界で初めて「完全内視鏡下冠動脈バイパス手術」を行った際にはＮＨＫニュースで報じられましたが、それで私のことを知ったという馳さんは、金沢大学附属病院にも足を運んでくださいました。

私の話に熱心に耳を傾けられ、「これは日本の未来のために必要です」と文部科学省に強く推奨してくれたのです。そんな後押しもあり２００５年、ついに『ダビンチ』が金沢大学附属病院に導入されたのです。

自分の身のまわりには、思わぬつながりを持っている人がいます。

自分の力ではどうしようもなくて悩んでいたり、制度の壁に阻まれて心が苦しくなってしまう人もいると思います。

そういったときは、自分の気持ちを周りにさらけ出してみてください。

みなさんが真剣に悩んでいるのなら、その心は相手にも伝わります。

それでも周りの人に相談はしにくいというのであれば、SNSなどを使ってみてください。

「6次の隔たり」は、その後に行われたさらなる検証において、現代では「5次の隔たり」以下にまでなったという報告もされています。

私に相談してくださる患者さんたちも、最初はインターネットを介した、まさに「飛び込み相談」です。

あきらめずに細い糸をたぐり寄せていけば、やがてそれはみなさんが願っていたことを実現する橋となるのです。

心得

18

あきらめたら、終わり

「あきらめたら、そこで試合終了だよ」

国民的大人気漫画『ＳＬＡＭ　ＤＵＮＫ』で、試合で負けそうになり、あきらめかけていた三井寿《みついひさし》に向けて、試合を見に来ていた安西先生がかけた言葉です。

この言葉に救われ、奮い立った人も多いのではないでしょうか。

私は２００５年７月４日に、日本人医師として初めてダビンチ手術を行いました。

以降、金沢大学附属病院、東京医科大学病院、２０１４年に開設したニューハート・ワタナベ国際病院を中心に続けてきたダビンチ手術の症例数は２０００を超えました。

元気になって退院されていく患者さんを見送るたびに、充実感を得たものです。その一方で、ダビンチ手術を始めた直後から、私は手術室の外で新たな困難に立ち向かうことになります。

人生において、我慢の時期があることを改めて知ることになりました。「よりよい社会にするために、こうあるべきだ」そう信じて動き、訴えたとします。やるべきことを尽くし、それでも変わっていかない。意外にも周囲の目は冷めていて、途方に暮れ、自分の無力感に苛まれもします。そんな状況に陥ったとき、「もう無理だ」とあきらめてしまう人も多くいることでしょう。

気持ちは、よくわかります。

私も万策尽きて何度もくじけそうになりました。

でも、あきらめたらそこで終わりです。

自分にそう言い聞かせ、状況がなかなか変わらなくても気持ちを保ち、理解が得られるまで我慢強く説き続けなければいけません。

苦しくなったときは、自分の原点に戻るのです。

なぜ自分は、これをやり遂げようとしているのか？

時間をかけてでも思い返すと、元気が湧いてきます。

これが想いを実現に向かわせる方法だと思いました。

ダビンチ手術で多くの患者さんを救いたい。

そう決意を新たにしていた私の前に壁として立ちはだかっていたのは、保険適用の問題でした。

ご存じの方が多いかと思いますが、日本においては保険診療と自由診療があります。保険診療の場合は自己負担額が少なく済みますが、それが適用されない自由診療となれば全額自己負担です。

ダビンチ手術は、スタート当初は自由診療でした。そのため、高額の医療費がかかります。心臓のダビンチ手術の場合、約400万円です。これでは、一部のお金持ちしか手術を受けることができません。

この状況をなんとか変えたい。ダビンチ手術を誰もが受けられるスタンダードなものと認めてもらいたい。そう願い訴えかけを続けましたが、なかなか周囲の賛同も得られませんでした。

保険診療云々《うんぬん》の前に、ダビンチ手術に対する批判の声もありました。

「命に関わる心臓手術をロボットでやるとは何事か！」

そんなことを真顔で口にする医師もいたほどでした。

厚生労働省の高度医療専門会議のメンバーのなかにも、ダビンチ手術を嫌う人がいたようです。

手術支援ロボットの性能も知らない人が、使用の是非を決めようとする異常事態。それは私には〝群盲、象を評す〟に等しい愚行にしか思えませんでした。

そんなころ、私のところにまだ幼い女の子がご両親と一緒に訪ねてきました。心臓病を患い手術が必要だった彼女の手術依頼です。大きな傷跡を残さなくて済むダビンチ手術を希望しました。

ご両親は私に言いました。

「娘の将来を考えると、どうしても体に傷が残らない手術を受けさせたいんです。なんとかお願いできませんか」

切実な思いが伝わってきます。気持ちは痛いほど、よくわかります。

しかし、そのご家族が用意できるお金は、自由診療における高額な手術費には及びませんでした。

親子で途方に暮れていました。こんなとき、悲しい気持ちになります。

ダビンチ手術が保険適用なら、こうはならないのに、と。

ただそのときは、研究用に購入し保管してあるダビンチ手術用の人工心肺装置部品キットを使い、その部分を無償にすること、加えてその少女の手術を研究症例とすることにし手術費用を抑える工夫をしたことで、彼女のダビンチ手術はできました。

ただ、これがつねに可能なはずもありません。


それでも、**あきらめずにトライすることが大切**です。

世界的潮流に合わせて厚生労働省の方針も徐々に変わってきました。

まず2012年に、前立腺がんの全摘手術に限ってダビンチ手術の保険適用が認められました。その後、婦人科系、消化器系、呼吸器系でも認可が下ります。

心臓手術に関してはなかなか認可されませんでしたが、2018年4月になってようやく弁形成術に限り保険適用となりました。これにより40万円かかった手術を5～30万円ほどの負担で患者さんが受けられるようになったのです。ようやく心臓のダビンチ手術がスタンダードになる兆しが見えてきました。

あのとき、あきらめていたら症例数が2000を超えることなどなかったでしょう。

心臓に大きな爆弾を抱えてしまった人たちに、大きな負担をかけてしまっていたことでしょう。

私はこれからもあきらめません。心臓病のダビンチ手術の保険適用範囲をさらに拡大するために行動し続けるつもりです。

あなたも、あきらめないで。

コラム4

日本の医療制度の問題点

どう考えても理不尽だと思われることが、世の中にはいくつもあります。利用者や多くの人が「変えるべきだ」と思っているにもかかわらず、一度決められた制度は、なかなか見直されることはありません。日本の医療制度にも、理不尽なことがあります。

健康保険制度は、誰もが医療機関にアクセスできるという意味ですばらしいものだと思いますが、問題は手術の部分が「出来高払い」になっていることです。

「出来高払い」とは、診療等にかかった費用を足し算で病院が請求できるシステムで、検査や治療を重ねるたびに請求金額が増えていきます。それだけ話すと「何が問題なのか？」と思われるかもしれませんが、この「出来高払い」はじつに理不尽で、また心臓外科医の精鋭化を妨げてもいるのです。

わかりやすいように例を挙げてみましょう。

医師Aが完璧な手術をし、合併症を引き起こすこともなく患者さんを退院させたとします。

一方で医師Bは下手な手術をして患者さんが合併症を引き起こし、多くの薬の投与、輸血等が必要になりました。当然、入院期間も長くなります。

この場合、前者よりも後者のほうが請求額は高くなります。

つまり、完璧な手術をした医師Aよりも、下手な手術をした医師Bのほうが病院を儲けさせることになってしまうのです。

もう少し具体的に言えば、「ニューハート・ワタナベ国際病院」で心臓手術を行うと、1件あたり250～400万円ほど（保険適用により患者さんの負担額は5～30万円程度）。ですが、手術成績のよくない施設で手術を行った場合、請求額が膨らみ、ときには1000万円近くになる場合もあります。

このままでは、下手な外科医と、それで儲ける病院経営者がいることで、患者さんの体に負担がかかるのと同時に医療費の無駄使いが続いてしまいます。

これは、民間の病院に限りません。

以前に私が在籍した金沢大学附属病院の病院長は、私にこう言いました。

「心臓外科は入院期間が短いから儲からない。もっと長く入院させろ。それができないなら第一外科からベッドを取り上げる」

無茶苦茶な話です。

「必要のない長期入院は、血税の無駄使いではないですか」

私がそう返すと、病院長は烈火のごとく怒りました。

国立の大学病院にも、そんなゆがんだ状況があるのです。

この「出来高払い」制度を変える必要があると以前から言ってきました。

代案もあります。「出来高払い」を「包括型」に変えればいいのです。

たとえば、○○手術は○○万円という具合に定額制にして、それ以上は保険請求できないようにします。

すると、下手な手術をすれば病院が赤字になりますから、たちまち未熟な医師は淘汰されることになります。


厚生労働省の方とお会いするたびに、私はその話をしています。それでも医療界の抵抗は強く、なかなか変えることができないのが現状です。

でも、このままでいいはずがありません。

私はこれからも訴え続けます。

患者さんが、安心して手術を受けられるようにするために。

そして、心臓外科医の技術向上のためにも。

第5章

いま、うまくいっているあなたへ

いろいろなことがうまくいっているあなたは、「いまのままでいい」と思っていませんか？　いまの常識は永遠には続きません。上には上がいます。満足感に浸り続けず、つねによりよい状況を目指すことこそ、さらなる成長を促し、慢心をも抑える最良の薬となるのです。

心得

19

自分の心に疑いの目を向ける

「Eagle eye（鷹の眼）」

それは、視野を広く持ちながらも目指すことにしっかりと焦点を合わせるという意味です。

挑戦は、無鉄砲であってはなりません。

熱くなりすぎて周りが見えなくなってもいけません。

外科医の世界では、月曜日を「ブラックマンデー」と表現することがあります。学会明けの月曜日。学会に参加した医師が、発表された術式や論文に心を躍らせて、月曜日の手術の際に新しい術式にチャレンジし、やる気が空回りしてうまくいかなくなることを揶揄《やゆ》する言葉です。一方で、浮き足立ってはいけないという教訓めいた言葉としても捉えることができるでしょう。

また、手術は自己顕示欲を満たすために行うものであってもなりません。

この新たな手術は患者さんにとっていいことなのか、メリットはあるのか、**自分の功名心でやろうとはしていないか**。

医師に新たなことに挑んでみたい気持ちがあるのはわかります。でも、そこに患者さんを実験台にしてしまうような邪心があるなら当然、思いとどまるべきです。

過去には、痛ましい事件もありました。

たとえば1968年の『和田心臓移植事件』。

これは日本で初めての心臓移植手術だったのですが、やるべきではないことをやってしまったのです。本来、臓器を取らなくてもいい人から取り、しなくてもいい人に移植してしまいました。

問題化したのちに不起訴にはなりましたが、そこに医者の功名心があったことは容易に想像がつきます。

1967年12月に、南アフリカのケープタウンで最初の心臓移植手術が行われました。それを知った各国の外科医たちが我先にと競った時期がありました。世界で2番目、3番目、そして自国初の心臓移植手術をやりたがったのです。そこに根ざしていたのは功名心だったのでしょう。

『和田心臓移植事件』は極端な例ですが、新たな術式に挑む際には医師は自らの邪心を疑わねばなりません。若い医者には無茶な手術をしたという格好の例となってしまいます。

内視鏡手術、アウェイク手術などに挑む際、私はそのことを肝に銘じてやってきました。

心がはやっているときこそ、俯瞰《ふかん》が必要です。

新たな挑戦には「Eagle eye」を持たねばなりません。

心得

20

「常識」は永遠には続かない

「名医ほど大きく切る」

医療を扱ったドラマや漫画で、こんな言葉を耳にしたことがある方もいるかもしれません。昔の医療現場では実際に、そんなふうに言われていました。

本当にそうだろうか？　と、私はずっと疑問に感じていました。

バイパスを1本つなぐだけの手術で、なぜ大きく切る必要があるのか？

手術は、医師の固定観念にとらわれて行われるべきものではありません。

患者さんの病気を治す、病状を改善させる、さらには術後の回復を早めることが大前提です。

ならば、切るのは最小限にとどめる必要があるのではないかと。

大きく切れば、手術はしやすい。でも、それでは患者さんの術後の回復が遅れる。小さく切るなかで的確な手術を行うことこそが、外科医に求められることだと思いました。

医療現場で患者さんたちに接していると、さまざまなことがあります。思わぬ事態で、心が痛くなったこともありました。

まだ私が医者になって間もないころのことです。

胸骨正中《せいちゅう》切開で、たった1本の冠動脈バイパス手術を受けた患者さんの回復が遅れたのです。入院期間が長くなり、職場復帰までに時間がかかりすぎたため、その患者さんは会社から解雇を言い渡されてしまいました。理不尽なことだと感じると同時に、私にとって考えさせられる出来事でもあったのです。

私は、冠動脈バイパス手術における小切開のやり方を模索し、さまざまな方法を開発しました。以前なら正中切開をしていたのを、わずか6〜7

センチ程度の切開での手術を可能にしたのです。

こうした技術を習得すると、それが当たり前になります。

「これまでの大きく切るやり方は楽で簡単だったな」と思えます。

でもその簡単なやり方は、医師側の視点でしか考えられていなかったものでした。患者さんにとっては、体に大きな負担をかけていた方法にほかなりません。

当たり前を疑わずに、これまでの方法の上であぐらをかいているようでは、患者さんが本当に望んでいることを実現することは不可能です。


当たり前と向き合いましょう。

その視点は、医療の現場だけで役に立つものではありません。

必ず、新しく見えてくることがあるはずです。

心得

21

成功は次の挑戦の始まり

これまでのやり方を踏襲する。

決まっていることをそのとおりにやる。

それが、仕事のすべてだと思っている人が多くいます。

もちろん、一つひとつの作業を丁寧に行うことは大切なことですが、それだけでは、お客さんや仕事相手は充分には満足しない気がします。


なぜ、「このやり方でやれ」と教えられたのか？

なぜ、「この決まりごと」があるのか？　誰が決めたのか？

もっと、効率を上げ、質も高められるやり方があるのではないか。


私たちの生活は、格段に進歩してきました。

たとえば１９５３（昭和28）年にテレビが登場し、数年後にカラー放送が始まりました。その後、ビデオテープで録画ができるようになり、ＤＶ

D、ブルーレイへと移行します。携帯電話の登場、スマートフォンへの進化。インターネットの普及と動画配信サイトの確立。そしてAIは、これからさらに進歩しようとしています。

それだけではなく、私たちの生活に直結する衣食住のレギュレーションも大きく変化してきました。

これは**現状に甘んじることなく「もっといいやり方に変えられるのではないか」と、あくなき探求心を持った者が成し遂げてきたこと**です。

小切開手術を突き詰めながら、私も考えました。

患者さんの体への負担をもっと軽くする手術方法はないのか、切開することなく手術はできないものか、と。

そして私は、内視鏡で心臓手術ができれば、小切開手術よりもさらに患者さんの体に負担をかけない手術ができると思いあたりました。

いや、じつはそれ以前に消化器系、呼吸器系の手術に内視鏡が用いられるようになったときに、「どうして心臓分野では、内視鏡を使った診察や手術がないのだろう」と、不思議に感じてもいたのです。

でも、心臓という生命に直結するデリケートな箇所を切開することなく手術するという発想は、当時、日本はおろか世界のどこにもありません。

それでも富山医科薬科大学病院時代、勤務をしながら、私はずっと内視鏡心臓手術の研究を続けていました。

内視鏡で心臓の外側だけを眺めるのではなく、心臓を包んでいる分厚い膜の中に内視鏡を入れるなどして実験、心臓の表面を走る冠動脈をそこで見据えたときに確信しました。

（ここまで血管が鮮明に見えるのか。冠動脈バイパス手術なら内視鏡で可能だ）と。

その後も実験、手術の手順の考察を重ねました。

そして、1999年に私は内視鏡手術（完全内視鏡下冠動脈バイパス手術）を世界で初めて成功させるに至ります。

人工心肺を使用せず、胸の横に小さく開けた穴から内視鏡を挿入して行う手術は、時間が短く済むだけではなく、切開しないことで患者さんの体への負担を軽くできました。

脳梗塞や心不全の原因にもなる重篤な心臓疾患の治療も、画期的に改善できたのです。

満足感に浸り続けてはいけない

ただこのとき、周囲が諸手《もろて》を挙げて私の成功を喜んでくれたわけではありませんでした。

従来の術式に固執したがる日本の外科医たちからは、批判的な声も上がりました。

「猟奇的だ」

「安全は担保されているのか」

しかしその後、高い手術成功率を示すと批判の声は小さくなり、やがて耳に届かなくなります。そして今度は皆がやりたがりました。

世間の反響も大きなものでした。

私が内視鏡心臓手術について書いた論文が、世界的に有名な医学誌『ランセット』に掲載されたのです。『ランセット』は1823年にイギリスで創刊された週刊医学雑誌で、世界中の医師たちが読んでいます。心臓外科医が論文を書くのは珍しいことでしたが、これにより内視鏡心臓手術は世界に広まり、その後のロボット手術へとつながっていきます。

日本国内でも「世界で初めて内視鏡で心臓手術をした外科医」とNHKがニュースで報じてくれました。

いくら患者さんたちのためになる術式を開発しても、志をともにする仲間たちから評価されたとしても、それが時として旧態依然とした勢力からは認められず、排除の方向に向かわされることもあります。

新たな発見や開発は、それまで既得権益を有してきた人たちにとっては邪魔な存在でしかなかったりするのです。

でも、医師が対峙するべきは、自らの地位を得るための権力闘争などではなく、目の前にいる患者さんです。

私が「完全内視鏡下心臓手術」を行ったことをメディアが大きく報じてくれたことは、その思いを後押ししてくれました。

ただ、人は満足感を得ると心が満たされます。

満たされたとき、それは一種の快感としてそこに浸り続けたくなります。

これだけ大きなプロジェクトを成功させたんだ。

こんないい取引先との商談をまとめたんだ。

いままでにない事業を立ち上げて軌道に乗せたんだ……。

すばらしい活躍をしたときこそ、すぐに次の一歩を踏み出しましょう。

心が満たされた状態を続けていると、そこから抜け出せなくなり、いずれ周りからの期待とのギャップに心が苦しむことになります。

大きなチャンスをつかんだとき、成功をつかんだとき、それは心が次の成長のステップに進むための準備が整ったということです。

その機会を逃してはいけません。

心得 22

「未知の風」にあたる

新たな発想を得るために、あるいは現在の自分を客観的に見るために、視野はつねに広げておかねばなりません。

私たちは、日々の生活に追われがちです。何かに追い立てられ、それをクリアすることで気持ちがいっぱいになってしまうことが多々あることでしょう。

そのため、属している業界から外に目を向けられなくなってしまいます。

みなさんは仕事終わりに仲間たちと一緒にお酒を飲むこともあるでしょう。そのメンバーは、いつも同じではありませんか。そして、話している内容も変わらぬものではありませんか。上司や取引先に対する愚痴に終始してはいませんか。

日常を維持させるため、気持ちを安定させるためには必要なのかもしれません。でも、そんな時間がもったいないとは思いませんか。

私は、ともに闘う医師たちに、現状維持ではなくステップアップを求めます。なぜなら、そうでなければ患者さんに向き合う医師としての使命が果たせないと感じているからです。

医師であれば、それなりに尊敬も得られます。でも、そのことに甘んじて心地よさに浸っているようでは井の中の蛙になってしまい、自身の成長が遂げられないでしょう。

だから私は、井戸から外に出て他業界で活躍している人たちとの交流を積極的に行うよう後進に勧めています。

みなさんは、同じ業界で働く人とバリアを設けずに語り合えますか？

自分の弱みは見せたくない、自分が培《つちか》ってきたものは教えたくない、今後の動きも読まれたくない、さらには立場的に言えないことももちろんあります。

そんなふうに、バリアが張られていることでしょう。

そんな状況下では、有意義な意見交換などできないのです。

ならば、**外に赴《おもむ》いて心を開き、未知の風を感じましょう。**

実際に私は経済人、政治家、起業家、スポーツ選手からYouTuberまで、さまざまな場所で活躍する人たちと接することで、多くのことに気づかされ新たな発想も得てきました。

自分の立ち位置を明確にすれば、驕《おご》り高ぶりそうな心を抑え、冷静さを取り戻すことができるはずです。

心得

23

昨日よりも今日。
今日よりも明日。
明日よりも明後日

心臓手術――。

この言葉に、みなさんはどのようなイメージをお持ちですか？

「怖い」

「生死をさまよう手術」

「術後も退院までに長い時間がかかる」

そんなふうに思われているのではないでしょうか？

当たっている部分もあり、そうではないこともあります。

実際に以前は、命の危険と背中合わせの大手術とされてきました。心臓手術が成功したとしても大きな傷跡が残り、入院期間が1～2カ月かかるのは当たり前で術後には痛みに耐えねばならないものだったのです。

従来の胸を大きく切り開く手術を行うと、一緒に切った胸骨がもとの状態に戻るまでにかなりの時間がかかります。そのぶん、入院期間は長くなり痛みも伴う。それだけではなく、広くメスをふるったことで傷口から細菌等が入り込み、感染症を引き起こすケースも多々ありました。

ですが、医療技術は進歩し続けています。

胸を切り開く手術は、過去のものになりつつあります。

いま世界の外科手術の潮流は、体にメスを入れる範囲をできる限り小さくしようとする方向に進んでいるのです。切る箇所を小さくできれば、患者さんの体の負担は軽くなる。よって術後の回復は早まり、社会復帰もスムーズになります。

心臓外科手術は近年、大きく変わりました。

それは、ロボット手術（ロボット支援下内視鏡手術）が出現したからです。いままでは、胸を大きく切り開いて心臓手術を行う必要性はほとんどありません。胸に小さな穴を3つ開けるだけで手術を行うことが可能になったのです。

このロボット手術では出血を少なくし痛みも軽減でき、手術痕もすぐに塞げます。以前は考えられなかったことですが、術後3日で退院していく方もいらっしゃいます。

体に優しいロボット手術により救命率が上昇、さらに脳梗塞をはじめとする重篤な合併症の発症も高い確率で抑えられるようになってきました。

2014年に「ニューハート・ワタナベ国際病院」を開設して以降、これまでに4000件を超える心臓手術を行ってきました。その半分がロボット手術で、全体の手術の**成功率は99・6%を上回ります**。

日本もアメリカも、平均死亡率は2・5%といわれていますから、この数字は世界的にも最高レベルであり、患者さんに安心して手術を受けてもらう環境を作り上げたと自負しています。また、術後から退院までの時間も大きく短縮、早期の社会復帰も実現しました。

ただ、このロボット手術が日本において心臓手術の主流になったかと言えば、そうではありません。いままで知らなかった方も多くいらっしゃるのではないでしょうか。

じつはいまだに旧式のやり方、つたない腕で手術を行っている病院が数多くあります。「ダビンチ」と呼ばれる手術ロボットが導入されていないため環境が整わず、また手術を行える医師の数も極めて少ないからです。

これは、患者さんにとって不幸なことでしょう。

ロボット手術を受けていれば体に与えるダメージは少なく、その後も長く健康でいられたのに、そうでなくなるケースもままあるからです。

「技術の発展は日進月歩」という言葉を聞いたことがあるかと思います。
絶えず進歩することを表す言葉ですが、現代は江戸時代の1年分、平安時代の一生分の情報量を、たった一日で受け取っていると言われるほど、情報を取り巻く社会全体のスピードが加速しています。

昨日よりも今日、今日よりも明日、明日よりも明後日、医師は不安でいっぱいの患者さんの気持ちを理解し、意識して、動かなければいけないですし、それは、どんな分野の仕事でも同じでしょう。

そもそも仕事は、目の前の、あるいは誰かの「喜ぶ顔を見るために」「悩みを取り除くために」必要なことを提供し、対価としてお金を受け取るものです。

これまでのやり方が一瞬で古くなる時代に、患者さんやお客さんの想いに応えるために、進歩を恐れず踏み出してください。

心得

24

なんのために力を得たのかを忘れない

「正しいことをしたければ、偉くなれよ」

連続ドラマとして大ヒットし、映画でも社会現象を起こした『踊る大捜査線』。このドラマのなかで、主人公の青島俊作《あおしましゅんさく》に、指導員の和久平八郎《わくへいはちろう》がかける口ぐせのようなセリフです。

この言葉ほど、私が教授になろうと思ったときの想いを表現している言葉はないでしょう。

私は2000年に金沢大学に戻り、第一外科の教授選に立候補しました。

これは、私にとって絶対に負けられない闘いでした。

当時、私は41歳。周囲の目は冷ややかでした。

いまでは考えられませんが、「伝統ある金沢大学附属病院の第一外科を束ねるには若すぎる。彼は未熟だ」と言われたり、「あいつが教授になると和が乱れる」などの怪文書が流布されたりもしました。

ただ、不利な状況であったとはいえ、私の医療に対する考えに共鳴してくれる人たちもいました。

旧態依然としたやり方を、時代に合わせた患者さんたちのために変えていきたいという思いを抱く若い医師たちも少なくなかったのです。

最近「偉くなんかなりたくない」「できれば出世などしたくない」という人が増えていると聞きます。

役職が上がることで現場を離れることになったり、いわゆる中間管理職としてのさまざまなプレッシャーに疲れ果ててしまうことが理由に上がると思います。

ですが、**やりたいことや実現したいことがあるのならば、迷わず偉くなることを考えてください。**

ここでいう「偉くなる」というのは、「人として偉くなる」という意味ではありません。いまの日本の縦社会の構造において、何かを変えたいと思ったら、それを実現できる立場や権利を持つ役職まで上がらないといけないということです。

私が教授を目指したのも、まさにそれが理由です。

そして権力を持つ立場になったら、自分の利益ではなく、私であれば患者さんのために、お仕事をされている人であればお客さんのために、という心を絶対に忘れてはいけません。

これを忘れると、権力に飲まれ、心がズタズタになります。

謙虚に偉くなり、**権力は正しく使い**、理想を実現してください。

心得

25

上には上がいる

私が心臓外科医として歩んできた道のりは、心臓外科手術そのものの進化の歴史でもあります。

富山医科薬科大学時代に「オフポンプ手術」を成功させたあとに私が挑んだのは、「アウェイク手術」でした。

「アウェイク」とは「覚醒＝目が覚めている」という意味で、この手術は全身麻酔をかけるのではなく、心臓を中心とした箇所への局部麻酔（硬膜外麻酔）のみで行います。

この場合、手術中も患者さんに意識があり、私たち医師と会話が交わせます。また患者さんが手術の一部始終をモニターで見ることもできます。さらには、人工呼吸器も必要ありません。

全身麻酔での手術に人工呼吸器は不可欠ですが、これを用いることで患者さんの体に過度な負担をかけることが多々あります。術後、自分で呼吸ができるようになるまでに時間がかかり、肺の悪い患者さんの場合は肺炎、脳に障害がある人は、術中にさらに悪化することもあるのです。

もっと言えば、こんなケースもあります。

重い呼吸不全や脳梗塞を患っている方、高齢な患者さんは心臓手術が必要だとわかっていても踏み切れません。それは回復が遅れるからだけではなく、合併症を引き起こす危険性が高いからです。

しかし、脊髄から麻酔薬を入れる硬膜外麻酔なら、全身麻酔に比べてはるかに体への負担は軽くなります。全身麻酔では最低でも1〜2週間の入院が必要でしたが、それを短くでき、術後に室内を歩く人もいるほどで回復を格段に早められるのです。

ただ、この「アウェイク手術」を成功させるにはふたつのことが求められれます。

まず、麻酔医の高度な腕。心臓神経だけをブロックする硬膜外麻酔に長《た》けた熟練の麻酔科医の存在は不可欠です。

もうひとつは、執刀医の確かな技術とスピード。

全身麻酔の場合とは異なり局部麻酔で行う「アウェイク手術」は、2時間前後、遅くとも3時間以内には終えなければなりません。それを越えると麻酔中毒が起こり、術後の患者さんの体に悪影響が及ぶ可能性が高くなります。

ゆっくり丁寧な手術など存在しません。

「正確に早く」

それこそが患者さんの生命を守り、術後の早期回復を実現するのです。

麻酔科医と心臓外科医の質の高い連携プレイによって手術は成功に導か

れます。ですから「アウェイク手術」が広まった現在でも、どこの病院でもできるわけではありません。

自分が成し得たことに満足していては成長できない

1998年に私は日本人として初めて「アウェイク手術」を成功させたのですが、世界では時を同じくして行われていました。トルコ・アンカラ「ギュベン病院」のカラゴッツ医師が、その第一人者。年間1000以上の心臓手術をやってのけるスーパーならぬハイパー・ドクターです。

「アウェイク手術」を初めて行ったとき、私のなかにいくらかの達成感はあったと思います。でも、そのことをはっきりと記憶できていません。それは、この術式を、もっと確固たるものにしたいとの思いが強くあったからでしょう。

意識のある患者さんと会話を交わしながら手術ができるということは、イコール、異変が生じた場合もすぐに気づけます。ならば、不慮の事故も防げますし、前記したとおり、術後の患者さんの体の負担を軽くできるのです。つまり、全身麻酔を施すよりも、より安全な手術なのです。

この「アウェイク手術」を患者さんたちのためにも日本に定着させたいと思いました。

そのためには、まずは私がさらに知識と経験を得る必要があります。

私はアンカラに向かいました。カラゴッツ医師にお会いして、手術の様子を見せてもらい話も聞きたかったからです。

ギュベン病院でカラゴッツ医師は、私を温かく迎えてくれました。そして早々に彼の手術を見学する機会も得られました。

麻酔科医が胸部に麻酔をかけ、開胸やグラフト（バイパスに使う血管）の採取は助手の外科医が行います。カラゴッツ医師は、冠動脈の吻合《ふんごう》を手際よく行いながら患者さんとのコミュニケーションも取っていました。助手の外科医が胸を閉め皮膚を縫合するまでの時間は、1時間30分にすぎません。

執刀したカラゴッツ医師、麻酔科医、そして助手の外科医の見事な連携プレイでした。終えたあと、カラゴッツ医師は次の手術に向かいます。

アンカラに来てよかったと思いました。

何事もそうですが、**自分が成し得たことに満足していては成長できません。上には上がいるのです。**

スポーツ選手にたとえれば、前人未踏の記録を作ったとしても、その先は必ずあります。さらなる向上心と知識欲は、最高のパフォーマンスを発揮するために欠かせません。

もうひとつ、カラゴッツ医師の手術を目の当たりにし改めて思ったことがありました。それは、優秀なチームを組んでこそ、質の高い手術ができるということです。このことは私の医療に対する考えに大きな影響を与えてくれました。

この広い世界において、自分がいちばん上にいるなんてことはありえません。**自分の業績にあぐらをかくのではなく、つねに自分より上を探し、上から吸収することでこそ、自分もさらなる上を目指せる**のです。

コラム5

心臓外科手術に革命を起こした手術支援ロボット『ダビンチ』

ここで、たびたび本書にも登場する手術支援ロボット『ダビンチ』について、少し詳しく説明いたします。

「ダビンチ手術」は「ロボット手術」と言われることもあることから、人間の手を介さずに医師の代わりにロボットが手術を行うと思われている方もいらっしゃいますが、もちろんそうではありません。医師がロボットを操作します。

具体的に手術がどのようなものかというと、まず体に直径1〜2センチの穴を3つ開け、そこから内視鏡カメラと2本のロボットアーム、スタビライザーを挿入します。ロボットアームの先端にはメスや鉗子《かんし》が取りつけられており、これを用いて患者さんが横たわる手術台から3メートルほど離れた場所で遠隔操作により手術は行われます。つまりは、医師自身の手ではなくロボットアームが患部に触れるのです。

切開して行う手術の場合、大人で平均500㎖の出血が生じるのに対し、ダビンチ手術なら切開をしないので約50㎖程度の出血で済みます。体へのダメージが抑えられ、痛みも早々に消えます。傷跡もすぐに塞がり、女性の患者さんの場合、乳房の境目を選んで穴を開けますから傷が目立つこともありません。また、従来のやり方なら4時間かかるところを2時間ほどで終わらすことができますから、術後の回復もかなり早まります。

この手術ロボット開発のきっかけは、1991年の湾岸戦争でした。戦場で負傷した兵士たちに対して、医師がそのたびに現地を訪れて手術を行

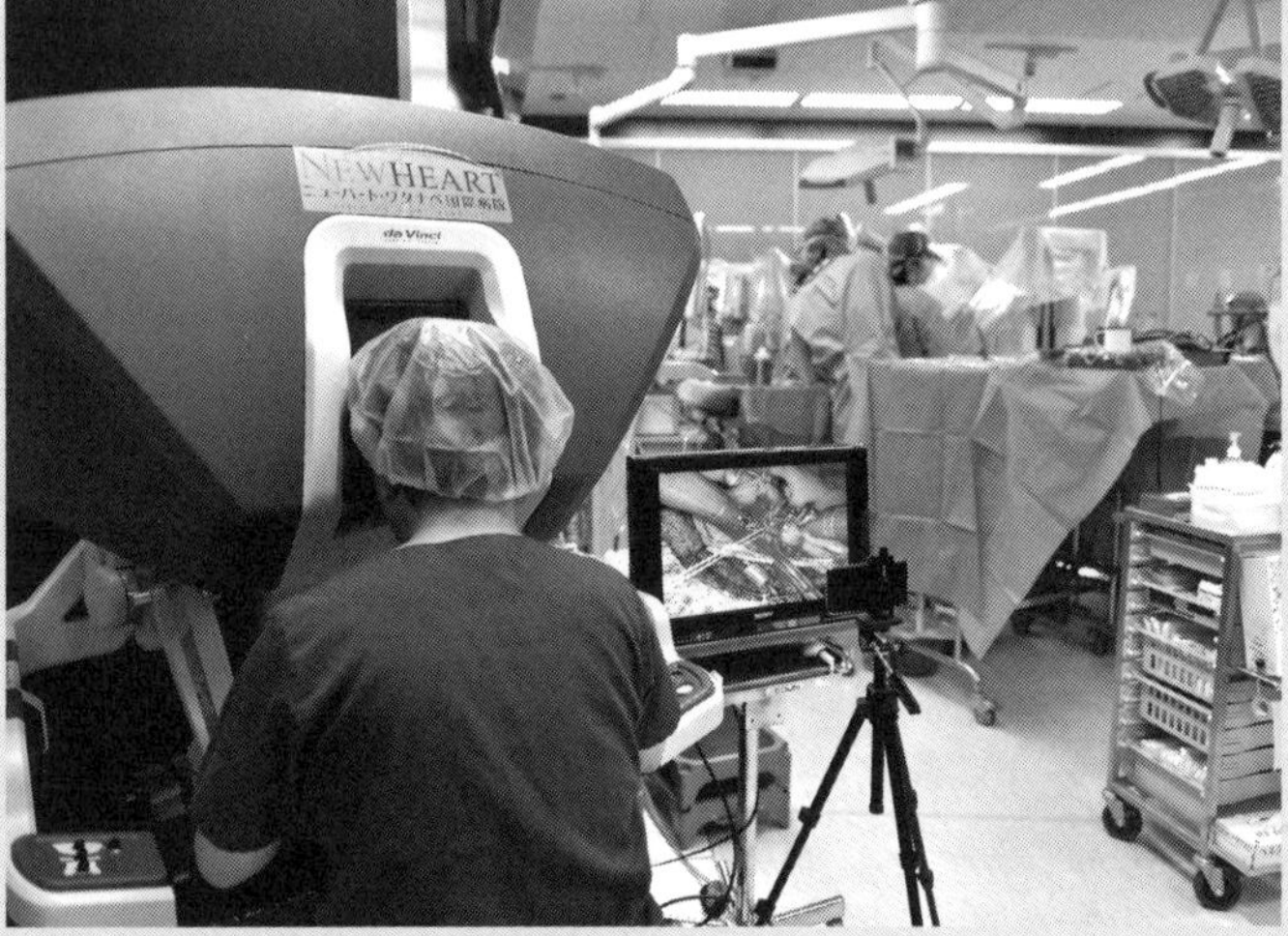

うことは難しいため、遠隔操作で手術が行えないかとの考えから研究がスタートしたものです。
その後に度重なる改良が進められ、現在に至っています。
ダビンチの症例は、年々増加しています。
とくに2018年4月からは、僧帽弁形成術と三尖弁《さんせんべん》形成術に保険が適用されることになり、より多くの患者さんにダビンチを使った僧帽弁形成術ができるようになりました。

また、2024年6月からは、弁置換術にも保険が適用されるようになりました。

現在、世界の外科手術の潮流は、患者さんの体になるべくメスを入れない手術を目指すというものになってきています。そのほうが、余計な負担もかからず、回復も早くなるからです。

ロボット手術の進歩に伴い、私たちチーム・ワタナベは、さらに「日帰りで受けられる心臓手術」を目指し、日々鍛錬を重ねています。

第6章

心が整いはじめたあなたへ

ここまで読んでいただいて、平常心を保つ心得はつかめたでしょうか？　私は、どんなときでも平常心を保ちながら、つねにその先を見続けてきました。自分を律し、目標を見失わないことで、人生はより豊かになっていくのです。

心得

26

人生にリハーサルはない

「リハーサル」とは、おもに演劇や映画撮影、音楽演奏などにおける「通しの練習」を意味します。近年では、舞台などに限らず、セミナーやプレゼンといったビジネスの場面でも使われることが多くなりました。

舞台を成功に導くには、入念なリハーサルが必要です。幾度もの練習を経てこそ、本番でお客様に最高のパフォーマンスを見せることができます。

しかし、医療の現場はそうはいきません。

私は一緒に働くスタッフに「**人生にリハーサルはない。この瞬間を全力で挑め**」と伝えています。

同じ症状で入院してきても、人の体は一人ひとりまったく違います。

だからこそ、私たち外科医は、目の前の患者さんを蝕《むしば》む病魔に全力で挑まなければなりません。

もしみなさんの手術を担当する医師が「これはリハーサル」という気持

ちで執刀していたら、これほど怖いことはないでしょう。

そのために大切なのは、日々の準備です。

研究と練習を重ね、腕を磨き、手術に備えます。


そしてもっとも大切なことは、心は熱く、手技は冷静に行うことです。

思い出すのはドイツ留学時代、ハノーファー医科大学で出会った、ハーバリッッヒという名の先輩医師のことです。

ある日、解離性大動脈の緊急手術が行われたのですが、その際に突発的な事態に見舞われました。麻酔導入中に大動脈瘤が破裂し、患者さんがショック状態に陥ったのです。そんな状況になることは滅多にありませんから、手術室内が慌てふためいても不思議はありません。

しかし、執刀医だったハーバリッッヒはじつに冷静で、悠然と振る舞っていました。助手にマッサージを指示したあと、消毒が終わるのを待ちながら自分の手洗いをします。そして目にも止まらぬ速さで胸を開き、わずか3分ほどで人工心臓を取り付け、破裂した大動脈を遮断したのです。

ハーバリッヒは私よりも10歳ほど年上で、普段は喜怒哀楽のあるとても人間的な男でしたが、窮地に陥っても冷静さを保ったうえで的確な判断もでき、思慮深さも持ち合わせていたのです。

人生において、この瞬間は二度と訪れません。外科医はこうでなくてはなりません。

それは、相手にとっても同じです。

だからこそ、**心は逸《はや》っても、落ち込んでも、踊っても、うまくいくためには行動に冷静さを忘れてはいけません。**

「冷静に」。そう言い聞かせるだけでも、違います。

そしてそれが、心の衝動にブレーキをかけてくれることでしょう。

心得

27

「生き急ぐ」くらいがちょうどいい

人は死を目前にして、自分に残された生命の時間を初めて意識するものです。

国家試験に合格し医師免許を取得したあと、いやそれ以前から、私は、誰にも負けない心臓手術の技術を身につけたいと思っていました。

誰にも負けない、納得のいく技術を備えて患者さんを救える医師になりたいと。

卒業後、1年間は金沢大学附属病院に在籍、その後に大船共済病院に移り、患者さんたちと向き合いはじめたときのことです。

このころ、私はモヤモヤとした気持ちを抱いていました。

それは、心臓外科医としての腕を磨く機会をなかなか得られないでいたからです。

心臓外科医の腕は、症例数（手術数）により磨かれます。

でも、手術に関わる機会は、なかなか訪れませんでした。

日本における症例数は年間5万件程度。米国の50万件に比べるとはるかに少ないレベルです。さらに心臓手術は主要病院に集中していたこともあり、「このままでは目指す心臓外科医になれない」とのあせりが募っていたのです。


いまになっていろいろと思うことがあります。

私は一日でも早く卓越した技術を身につけ、多くの患者さんを救える医師にならねばと思い、あせりも感じていました。

しかし、周囲を見渡すと、誰もが私と同じ思いを抱いているわけではなかったのです。

(なぜだろう。自分だけがあせっているのか)

そんな違和感がありました。でも当時は自分のことでいっぱいいっぱいで、それほど深くは考えず日々を慌ただしく過ごしていましたが、いまになってわかることがあります。

それは、「目的」の違いでした。

何を目指して大学の医学部を受験するか、そこから始まっていたように思います。

大学の医学部に合格し、国家試験を経て医師になる。

これは私にとって、あくまで「目標」であって「目的」ではありませんでした。「目的」は、その先にありました。

医師となった自分に何ができるのかを突き詰めることを、「目的」にしていたのです。でも、いま思えば、多くの人が医師になることを「目的」にしていたように思います。

私が富山医科薬科大学の助教授時代に、同窓のほかの診療科のある教授はこう言いました。

「渡邊君、そんなにがんばってどうするんだ。適当にやっていればいいんだよ」

こんなふうに考えて教授の職を担っている人がいることに改めて驚き、これが世の中なのではないかと思いました。

これは医療の世界だけではなく、進学や就職でも同じでしょう。

一流大学に入学する、一流とされる企業に就職する。そこを到達点にしては駄目でしょう、スタート地点に立ったにすぎないのですから。入学、入社して自分が何をしたいのか——。

「目標」の先にある「目的」に向かって突き進むことこそが人間を成長させ、人生を有意義にすると私は思います。

そのためには、「目的」を定めてください。

そして、その目的に向かって、大いにあせってください。

人はいつ死ぬか、誰にもわかりません。

残された時間を死の間際でようやく意識するのであれば、いま生き急ぐくらいがちょうどいいのです。

心得

28

チャレンジを楽しめ

現状に甘んじてはいけません。

つねに渇きを覚える心持ちでいることは、未来を切りひらく尊いものだと私は思っています。

私の場合は、

「こうすれば、もっと上手く手術ができるのではないか」

「こうすれば、もっと患者さんを苦しめずに救えるのではないか」

そのことをつねに考えてきました。

医学者であるならば、つねに**視線を高く、視野を広く持ち、自分を磨き続ける必要**があると思っているからです。

私が約25年前、金沢大学附属病院の教授になった際に作った『心肺・総合外科17箇条』の「医学者として」は、次の3つでした。

1. 新たなるものに挑む時、「Lion heart」「Eagle eye」「Angels hand」をもって行うべし。
2. 流行を追わずに流行を作れ。
3. 医学者として研究に勤《いそ》しみ英論文を書くべし。論文は医学者としての顔である。

それまでの常識を覆す新たなチャレンジをするには、勇気がいります。なぜならば、常識を覆されては困る人が一部にいて、そんな彼らが圧力をかけてくるからです。

たとえば企業の社員が、画期的なシステム考案に着手したとしましょう。それは企業やお客様にとっても有益なことだったとします。でも、新システムが開発され採用されると既得権益を失う人もいます。彼らは企業にとってもユーザーにとっても有益だとわかっていても、自分の既得権益を守ろうと邪魔に入ることでしょう。

誰しも上層部からにらまれ、左遷されるのは怖いですし、保身のためにチャレンジを避けてしまうこともあるでしょう。


同様のことが医療界でもあります。

「このやり方は違う。患者さんのためにならない」

そう気づいているのに「余計なことはしないほうがいい。そんなことをしても上からにらまれるだけだ、出世に響く」と、現状に疑問を抱きながらも見ぬふりをして口を閉ざす者もいます。

でもそれでは「自分は医学者である」と胸を張って名乗れないはずです。


何かを変えたいと思ったら、挑戦を恐れず、むしろ楽しむくらいの心「Lion heart（勇敢な心）」を意識してください。

コラム6

心臓外科医の未来

かつて心臓外科は、脳外科と並ぶ医療の花形でした。ところがいま、心臓外科は淘汰される流れにあります。そう遠くない将来、心臓外科の医師は3分の1程度にまで減少し、「私は心臓外科医です」と胸を張って言えるのは、わずかな精鋭のみになると私は予測しています。

兆しが見られるようになったのは、2000年代初頭のことでした。

それまで狭心症や心筋梗塞などの冠動脈疾患（または虚血性心疾患）に対しては冠動脈バイパス手術が一般的でしたが、それが薬剤溶出ステントを用いたPCI（経皮的冠動脈インターベンション）に置き換わり始めたのです。2004年に

ＰＣＩが保険適応になると、その流れは加速しました。

ＰＣＩの普及により、心筋梗塞での死亡率は大幅に低下しました。

これは喜ばしいことですが、盲点もあります。

カテーテル治療の場合、血管の部分的な治療になるため再狭窄《さいきょうさく》が起こりやすく、何度も治療を受けることになりかねません。もちろん、患者さんの病状、体調面を考慮して考えるべきですが、私は一度で治し切る可能性が高い冠動脈バイパス手術をお勧めしています。

話を戻しましょう。

これまでの心臓外科手術がカテーテル治療への置き換わりが進んだことで、心臓外科医が置かれる状況は一変しました。1万人の医学部卒業生のうち、心臓外科を志すのは40人くらいに減りました。

今後、心臓外科を目指す若手医師が10人いたとしたら、なれるのはひとりです。残る9人のうち半分は手術をしない循環器内科を開業、もう半分はカテーテル治療も外科手術も行う医師になることになるでしょう。

外科でも内科でもない（私は「中科」と呼んでいます）そこそこハイブリッドな治療を行う医師で、その存在は今後、増えるように思います。

しかし心臓外科は、心臓病治療の最後のとりでとして、なくなることはないでしょう。

現在、日本に心臓外科の専門医は2000人以上います。しかし今後、手術件数は減少傾向をたどり、年間4万件程度になることでしょう。これを専門医数の2000で割ると、医師ひとりあたりの手術件数はわずか20となります。でも、ひとりで200件以上の手術をしている医師もいますから、若手医師には執刀機会はほとんど訪れません。

実際、都内の有名私立大学病院でも年間70件、1カ月あたり5〜6件しか手術を行えていない心臓外科もあります。これでは、心臓外科医は育ちません。

少し考えてみてください。あなたが患者さんならば、経験のとぼしい医師に手術をしてもらいたいと思いますか？


他国の心臓外科医は日本に比べて少なく、ドイツの場合、学会も小規模で参加者が300人ほどです。私は、これくらいが適数ではないかと思っています。

日本の場合、医学部を卒業し心臓外科部門にいれば誰でも「心臓外科医」を名乗れます。でも、欧米の場合はそうではありません。経験にとぼしく技術の劣る医師は、淘汰されていきます。

米国で心臓外科医になるためにはいくつかのハードルを越えなければなりません。ジュニアレジデントからチーフレジデントに上がれるのは10人にひとり、そこからさらに病院スタッフになるための競争があります。

日本も「心臓外科医」を名乗るためには、もっと高いハードルを設けたシステムを作る必要があるのではないかと思っています。

おわりに　すべては患者のために

2014年に、私は「ニューハート・ワタナベ国際病院」を開設しました。それは、心臓外科の現状を変えたかったからです。

ロボット（ダビンチ）の導入により、心臓外科手術は以前よりも安全に、また術後の回復も早められるようになりました。でも、いまだに旧式の胸部を切開する手術に固執する病院、医師も少なからずいます。

心臓病は突然に生じることが多々あり、患者さんは心臓外科手術の現状を詳しく知っているわけではありません。ですから、たまたま訪れた病院から胸部を切開する手術を勧められたなら「そういうものか」と納得してしまい、のちにダビンチ手術を知り、うなだれる方もいます。

そんな悲しい状況をなくしたい。そのためには、**患者さんがわかりやすい心臓病のセンター**をつくらなければなりません。経験が豊富で高い技術力を誇る病院が集中的に患者さんの治療にあたるべき。「ニューハート・ワタナベ国際病院」は、その一翼を担いたいのです。

まずは「ニューハート・ワタナベ国際病院」での手術件数を増やしたいと考えています。現在は年間600件程度ですが、これを心臓手術1000件、カテーテル手術1000件、合わせて2000件に増やしていきたい。

病床44の病院で、それができるのかと見る向きもありますが、充分可能です。

患者さんの体の負担を軽減するためにも手術時間は短くし、また術後の回復をスピーディにすることに私たちは取り組んできました。

モデルケースもあります。

私の友人であるトルコのカラゴッツ医師は、病床40とふたつの手術室で年間2000の手術を2008年から行い、多くの患者さんを救っています。日本の医療も、そこに追いつく必要があるでしょう。

ここからさらに目指すべきは、**心臓外科における日帰り手術**です。

胸部を切り開いての旧式手術では、3週間ほどの入院が当たり前で回復が遅いものでしたが、ダビンチ導入後は術後3〜4日での退院も可能になりました。今後、もっとシステムが進化すれば、日帰り手術の実現も夢ではありません。

また将来的には「ニューハート・ワタナベ国際病院」のような心臓病センターを全国につくりたいとも考えています。

現状、日本国民が医療を受ける機会は平等ではありません。地域によってばらつきがあり、やむを得ず低いレベルでの医療を受けざるを得ない人が大勢いるのです。これを少しでも解消していきたい。そんな思いが強くあります。

「医療は、すべて患者さんのためにある」

いま振り返ると、ブラック・ジャックに憧れたときの気持ちを忘れずにいようと思ったのも、この言葉を忘れないためだった気がします。

人生100年時代を生きていれば、心を乱される瞬間は数えきれないほど訪れます。どんなときでも平常心を取り戻せるように、この本の心得がみなさんのお役に立てたら、これほどうれしいことはありません。

渡邊 剛

心を安定させる方法

発行日　2024年6月10日　第１刷

著者　渡邊剛

本書プロジェクトチーム

編集統括	柿内尚文
編集担当	大住兼正
編集協力	天野由衣子（コサエルワーク）、近藤隆夫
デザイン	岩永香穂（MOAI）
イラスト	髙柳浩太郎
DTP	藤田ひかる（ユニオンワークス）
校正	東京出版サービスセンター
Special Thanks	髙橋誠（医療・健康コミュニケーター）、渡邊淳子、松島健太、納谷麻衣子、中島真奈（ニューハート・ワタナベ国際病院）
営業統括	丸山敏生
営業推進	増尾友裕、綱脇愛、桐山敦子、相澤いづみ、寺内未来子
販売促進	池田孝一郎、石井耕平、熊切絵理、菊山清佳、山口瑞穂、吉村寿美子、矢橋寛子、遠藤真知子、森田真紀、氏家和佳子
プロモーション	山田美恵
講演・マネジメント事業	斎藤和佳、志水公美
編集	小林英史、栗田亘、村上芳子、菊地貴広、山田吉之、大西志帆、福田麻衣
メディア開発	池田剛、中山景、中村悟志、長野太介、入江翔子
管理部	早坂裕子、生越こずえ、本間美咲
発行人	坂下毅

発行所　株式会社アスコム

〒105-0003
東京都港区西新橋2-23-1　3東洋海事ビル
編集局　TEL：03-5425-6627
営業局　TEL：03-5425-6626　FAX：03-5425-6770

印刷・製本　中央精版印刷株式会社

Printed in Japan　ISBN 978-4-7762-1307-9